SÉRIE SUCESSO PROFISSIONAL

Globalização

SARAH POWELL & PERVEZ GHAURI

UM LIVRO DORLING KINDERSLEY
www.dk.com

© 2009 Dorling Kindersley Limited, Londres, uma companhia da Penguin. "Globalisation" foi publicado originalmente na Grã-Bretanha em 2009 pela Dorling Kindersley Limited, 80 Strand, Londres, WC2R 0RL, Inglaterra.

© 2010 Publifolha – Divisão de Publicações da Empresa Folha da Manhã S.A.

Todos os direitos reservados. Nenhuma parte desta publicação pode ser reproduzida, arquivada ou transmitida de nenhuma forma ou por nenhum meio sem permissão expressa e por escrito da Publifolha – Divisão de Publicações da Empresa Folha da Manhã S.A.

Proibida a comercialização fora do território brasileiro.

PUBLIFOLHA
Divisão de Publicações do Grupo Folha
Al. Barão de Limeira, 401, 6º andar, CEP 01202-900, São Paulo, SP
Tel.: (11) 3224-2186/2187/2197
www.publifolha.com.br

COORDENAÇÃO DO PROJETO
PUBLIFOLHA
EDITORA-ASSISTENTE: Mell Brites
COORDENADORA DE PRODUÇÃO GRÁFICA: Soraia Scarpa
PRODUTORA GRÁFICA: Mariana Metidieri

PRODUÇÃO EDITORIAL
EDITORA PÁGINA VIVA
TRADUÇÃO: Rosemarie Ziegelmaier
EDIÇÃO FINAL: Rosí Ribeiro
REVISÃO: Mariana Zanini e Laura Vecchioli
PRODUÇÃO GRÁFICA: Priscylla Cabral
ASSISTÊNCIA DE PRODUÇÃO GRÁFICA: Bianca Galante

DORLING KINDERSLEY
EDITOR SÊNIOR: Peter Jones
EDITORA DE ARTE SÊNIOR: Helen Spencer
EDITORA-EXECUTIVA: Adèle Hayward
GERENTE DE EDIÇÃO DE ARTE: Kat Mead
DIRETOR DE ARTE: Peter Luff
GERENTE EDITORIAL: Stephanie Jackson
EDITOR DE PRODUÇÃO: Ben Marcus
GERENTE DE PRODUÇÃO: Hema Gohil
EDITORES: Louise Abbott, Kati Dye, Maddy King, Marek Walisiewicz
DIAGRAMADORES: Darren Bland, Claire Dale, Paul Reid, Annika Skoog e Lloyd Tilbury

Este livro foi impresso em setembro de 2010 na Corprint, sobre papel couché fosco 115 g/m².

Dados Internacionais de Catalogação na Publicação (CIP)
(Câmara Brasileira do Livro, SP, Brasil)

Powell, Sarah
  Globalização / Sarah Powell & Pervez Ghauri ; [tradução Rosemarie Ziegelmaier] . – São Paulo : Publifolha, 2010.
  – (Série Sucesso Profissional)

  Título original : Globalisation.
  ISBN 978-85-7914-236-9

  1. Globalização 2. Relações econômicas internacionais I. Ghauri, Pervez. II. Título. III. Série.

10-08920   CDD-658.049

Índices para catálogo sistemático:
1. Negócios internacionais : Administração 658.049

A grafia deste livro segue as regras do Novo Acordo Ortográfico da Língua Portuguesa.

Sumário

04 Introdução

CAPÍTULO 1

O que é a globalização

06 Como tudo começou?

08 Primeiros agentes globais

10 Mercados de massa

12 Teorias da atuação global

14 Dinheiro, política e poder

16 Órgãos internacionais

18 Blocos regionais

20 Um modelo diferente

22 Novas atuações

CAPÍTULO 2

O que move a globalização?

- **24** Troca de informações
- **26** Abertura de mercados
- **28** Momento favorável
- **32** Barreiras possíveis
- **36** Críticas à globalização

CAPÍTULO 3

Os negócios em um mundo global

- **38** A decisão de mudar
- **40** Atuação ampliada
- **42** Operações em vários mercados
- **44** O que é ser "glocal"
- **46** Opções de terceirização
- **50** Oportunidades para as empresas pequenas
- **54** Marketing global
- **56** Globalização da marca

CAPÍTULO 4

A empresa globalizada

- **60** Formação de equipes
- **62** Aspectos culturais
- **64** Desafios constantes
- **68** Tendências para o futuro

- **70** Índice
- **72** Agradecimentos

Introdução

A economia mundial vem sendo modificada por um processo de mudanças que oferece oportunidades e ameaças importantes a muitas empresas. Entender o que é a globalização e quais seus fatores e consequências é fundamental para reconhecer os novos desafios e responder a eles. Ignorar tudo isso não é uma boa opção em um mundo no qual a abertura dos mercados e a flexibilização das restrições ao investimento estrangeiro intensificaram as pressões competitivas.

Este livro oferece uma visão resumida da trajetória, dos fatores e demandas do atual processo. Reúne informações para ajudar os gestores a compreenderem o cenário e a tomarem medidas concretas para enfrentar as rápidas mudanças que estão ocorrendo e que impactam atividades como comunicação, produção, manutenção, distribuição, marketing e recursos humanos. Com esse conhecimento, será mais fácil seguir com confiança em busca das muitas oportunidades do novo cenário.

O Banco Mundial prevê que a economia global pode crescer de US$35 trilhões em 2005 para US$72 trilhões em 2030. Para serem bem-sucedidas, as empresas precisam ter consciência crescente das forças do mercado, cada vez mais competitivo, ágil e rápido, a fim de se adaptar à mudança. Os potenciais benefícios da globalização para as organizações e a sociedade são enormes, da mesma forma que os riscos e as responsabilidades. Este livro fornece as informações necessárias para orientar quem busca o sucesso no novo ambiente global.

Capítulo 1

O que é a globalização

Ainda que a globalização seja definida como uma tendência econômica atual, na trajetória da humanidade o desejo de viajar e de criar laços comerciais sempre foi tão presente quanto os impulsos de invadir e de conquistar.

Como tudo começou?

O termo "globalização" é mais usado para se referir a um determinado fenômeno econômico – o surgimento, na década de 1980, de um mercado mundial único, dominado por empresas multinacionais e marcado pelo livre fluxo de capitais privados entre as fronteiras dos países.

Desregulamentação

No fim do século 20, a globalização tornou-se um chavão, pois na época testemunhou uma enorme expansão do comércio internacional e dos investimentos, fenômeno acolhido com entusiasmo pelas empresas e meios de comunicação. O agente dessa mudança foi a desregulamentação, ou seja, o fim das regras que limitavam a concorrência, como controles de preços nos principais mercados. À medida que empresas, produtos, serviços e capital começaram a cruzar fronteiras, a expectativa dos consumidores e a crescente participação nos mercados financeiros ganharam novo impulso.

Opiniões divergentes

*Efeito trickle-down
– teoria bastante controversa a qual sustenta que, ao se estimular quem ganha mais a produzir, o resultado é a geração de benefícios para quem ganha pouco ou nada. Os críticos garantem que o processo só favorece aqueles que já detêm os recursos financeiros.

A interpretação positiva da palavra "globalização", ou do termo usado anteriormente, "americanização" (por causa da influência dos Estados Unidos), está associada inicialmente ao processo de abertura de oportunidades comerciais e de investimento em mercados novos, muitas vezes resultando em uma integração econômica. Os defensores desse ponto de vista apontam para o efeito *trickle-down**, ou efeito de gotejamento, pelo qual o capital tende a "escoar" dos países ricos rumo aos países pobres, gerando um mundo mais justo e democrático.

Os críticos da globalização, porém, advertem para a redução do controle dos Estados sobre suas economias. Também fazem objeções à exploração dos mercados em desenvolvimento e à imposição de valores ocidentais sobre as culturas locais.

Produtos globais

*Multinacional – *empresa que atua em pelo menos dois países. A ONU também usa o termo "transnacional" para designar as organizações com ativos fora do país de origem.*

Seja qual for a interpretação, para os consumidores a globalização significa que um produto de uso cotidiano, como uma televisão, pode ser projetado em um país, fabricado em outro, usar materiais ou componentes vindos de um terceiro, ser comercializado por um *call center* situado em outra parte e chegar às prateleiras de todo o planeta. Assim, as etiquetas que indicam "produção nacional" perderam o sentido.

Para o mundo dos negócios, as oportunidades são inéditas. Em 1990, estudos da ONU apontaram cerca de 35 mil multinacionais*, com 150 mil filiais estrangeiras e um total de investimentos estrangeiros diretos de US\$1,7 trilhão. Hoje existem cerca de 60 mil multinacionais, que não necessariamente são grandes empresas. Graças às novas tecnologias e inovações de gestão, que propiciam maior agilidade seja qual for o tamanho, está surgindo uma nova categoria: as "micromultinacionais".

Primeiros agentes globais

As origens do atual mercado globalizado podem ser identificadas no surgimento das primeiras rotas comerciais e migrações entre as regiões – uma consequência do fortalecimento de poderosos impérios locais, alguns com duração de milhares de anos.

Laços comerciais antigos

Por volta de 2000 a.C., comerciantes de especiarias percorriam longas distâncias entre a Mesopotâmia (atual Iraque) e a Índia. Entre os anos 1600 e 600 a.C., era grande a disputa pelo controle da Síria, situada no encontro das trilhas que davam acesso a Mesopotâmia, Ásia Menor, Mar Egeu e Egito. Essas tentativas iniciais de formar um império continuaram existindo por todo o planeta nos séculos seguintes, criando superpotências políticas e militares que unificaram reinos até então isolados.

Primeiros impérios

O primeiro grande império, a China, surgiu em 221 a.C. e existiu por cerca de 2 mil anos. Sob a dinastia Han, comerciantes de seda e de jade rumavam para Sibéria, Índia, Pérsia e Mediterrâneo. Nos outros séculos surgiram outras potências, o que mudou a configuração das fronteiras. No século 1º a.C., Roma ocupou o lugar da Grécia como poder dominante no Mediterrâneo, gerando um império que se estendia por grande parte da Europa e do Norte da África e tinha laços comerciais com a China, a Índia, o Báltico e a Irlanda.

Combinando poder econômico e superioridade militar, os impérios antigos se destacavam por uma forte concentração da autoridade, e alguns chegavam a impor a adoção de uma moeda única em todos os territórios dominados. O desejo de disseminar crenças religiosas, em especial o budismo, o cristianismo e, a partir do século 6º d.C., o islamismo, também funcionou como fator de expansão. Até cerca de 1350, tanto a economia da Europa cristã como a do Oriente Médio, de fé islâmica, eram baseadas no ouro extraído da África.

Modelo de economia

Um passo importante para a evolução do comércio ocorreu no início do século 16, quando o poder mudou na Europa. Avanços nas técnicas de navegação, sobretudo em Portugal, marcaram a era dos descobrimentos. Amparada no poder militar e nas instituições financeiras – em especial o sistema bancário italiano –, a expansão marítima europeia, assim como os impérios anteriores, promoveu o comércio, mas também colonizou e escravizou. Impérios ocidentais tomaram conta da América, da África e da Índia, disseminando o conceito de economia de mercado*. O império britânico chegou a dominar um quarto do planeta.

***Economia de mercado** – *sistema econômico no qual os meios de produção são privados e geridos de forma a produzir lucros.*

 PARA PENSAR...
AS PRIMEIRAS MULTINACIONAIS

Criada em 1600, a Companhia Britânica das Índias Orientais protagonizou um modelo pioneiro de comércio globalizado. Dona de um exército, comprou terras e montou entrepostos em Surat, Madras, Bombaim e Calcutá, trocando chumbo, mercúrio e lãs por diamantes, porcelanas, sedas e especiarias. Os holandeses tinham uma empresa similar, a Companhia das Índias Orientais, que monopolizou a comercialização de especiarias na Europa e foi a primeira empresa do mundo a emitir ações.

Mercados de massa

Para o funcionamento do mercado global, é preciso haver algumas condições. A oferta de produtos deve superar a demanda do mercado interno; além disso, é preciso haver demanda em outros mercados e existir uma estrutura de transportes capaz de levar os itens do produtor ao consumidor.

Revolução na indústria

As primeiras atividades fabris envolviam carvão, ferro e tecidos. A Revolução Industrial começou no início do século 19, no norte da Inglaterra, na Alemanha e na Bélgica. Algumas invenções, como o motor elétrico, o gerador e a locomotiva a vapor, permitiram dar novas configurações aos negócios, ao comércio e às fábricas. Com a ampliação das ferrovias e dos sistemas de canais, a industrialização avançou rápido por toda a Europa, chegando até a Sibéria, o Oriente Médio e o Extremo Oriente.

Nesse período a economia norte-americana passava por um crescimento intenso, propulsionado pelo aumento da população decorrente das imigrações e das oportunidades abertas com a chegada das ferrovias. No final do século 19, a rede ferroviária americana era maior do que a da Europa, incluindo Inglaterra e Rússia.

Nova superpotência

Baseados em pilares como as habilidades dos imigrantes, o desejo de criar uma nova pátria e o investimento europeu, além de uma infraestrutura de transporte sem igual, no início do século 20 os Estados Unidos já eram o país mais rico do mundo. A derrota da Alemanha na Primeira Guerra abriu espaço para a consolidação do poderio econômico norte-americano em escala global.

Os custos da guerra para todos os países foram imensos, mas as nações europeias envolvidas ficaram devastadas. O comércio desabou e os Estados Unidos ocuparam o posto de centro financeiro, dando início à prática de investimento estrangeiro direto. Esse capitalismo é considerado uma versão moderna do modelo dos antigos impérios. A grande extensão dos EUA e o ávido mercado interno do país também contribuíram para isso.

PARA PENSAR...
O NASCIMENTO DO CONSUMISMO

Os Estados Unidos foram a primeira sociedade de consumo do mundo. O fenômeno começou quando produtos destinados aos mais ricos passaram a ser viáveis para todas as classes. Em 1891, a Sears, Roebuck and Company inovou com as vendas pelo correio, oferecendo relógios e depois máquinas de costura, bicicletas, geladeiras e outros produtos a preços acessíveis. O mercado americano de eletrodomésticos logo era o maior do mundo. As inovações e técnicas de marketing, vendas e propagandas americanas foram levadas ao resto do mundo junto com produtos como a Coca-Cola® (lançada na década de 1880 e exportada a partir de 1926) e refrigeradores da Frigidaire (lançados em 1918 e exportados na década de 1920). Acredita-se que a palavra "Coca-Cola" seja a mais reconhecida em todo o planeta, perdendo apenas para "OK".

Teorias da atuação global

Várias das primeiras teorias sobre gestão surgiram no início do século 20, no ambiente de negócios norte-americano – em especial, no setor automobilístico. Essas ideias permitem compreender a expansão da produção e as técnicas de gestão, além das motivações do consumidor.

Fordismo e produção em massa

As primeiras linhas de montagem surgiram nos Estados Unidos em 1902, na fábrica da Oldsmobile. Em 1913, Henry Ford desenvolveu uma linha com esteira para a produção do Ford T. Pelo novo sistema, um operário ocupava um lugar específico na produção, incumbido de uma tarefa repetitiva. A medida gerou mais resultados e menos acidentes. Essa nova forma de produção, rentável e muito eficiente, recebeu o nome de fordismo e logo foi implantada em outras fábricas.

PARA PENSAR... TAYLORISMO

No início do século 20, Frederick Taylor, engenheiro americano e inventor da siderúrgica, dedicou-se a estudar a eficiência, a fim de encontrar a melhor maneira de realizar tarefas manuais. As descobertas permitiram ganhos na produtividade e serviram de base para estudos modernos sobre uso de tempo e movimento.

Suas teorias, que ficaram conhecidas como taylorismo ou administração científica, por causa da preocupação com os processos operacionais, ainda fazem parte de estudos sobre a eficiência. A prática de terceirizar processos, transferindo etapas da produção para locais de custo mais baixo, tem sido definida como o "taylorismo do século 21".

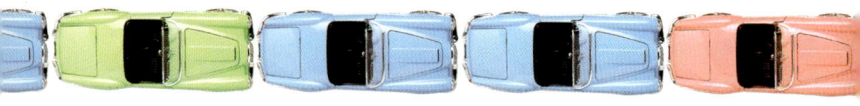

Mercados mundiais

Com a produção em massa, a Ford teve de se expandir para outros mercados e começou a exportar desde o início. A empresa também montou uma rede de concessionárias autorizadas, a fim de padronizar a manutenção de seus veículos em qualquer lugar para onde exportasse. Em 1911, a Ford instalou fábricas na Inglaterra e na França. Uma década depois, chegou à Dinamarca, Alemanha e Áustria e, em 1925, à Austrália. As unidades de fabricação não demoraram para adotar o fordismo.

Primeiro modelo global

Na década de 1920, a Ford era a principal marca de automóveis. Mas em três anos a General Motors se tornaria a maior indústria automotiva do país, sob o comando de Alfred Sloan, presidente da empresa. Suas ideias de administração descentralizada e multidivisional permanecem até hoje como orientação para as empresas de atuação global.

A adoção da "descentralização federal" de Sloan marcou uma mudança de paradigma para as empresas. Anteriormente a tomada de decisões era centralizada, mas uma organização formada por divisões operacionais autônomas, sujeitas a um controle financeiro e a políticas de gestão, tinha mais condições de se expandir e diversificar em novos mercados internacionais. Sob a orientação de Sloan, a GM produziu diferentes modelos de automóveis para os consumidores com faixas de renda distintas: além de evitar a concorrência entre os produtos da mesma marca, a divisão estimulava o desejo de adquirir sempre um carro melhor.

Dinheiro, política e poder

Com o aumento da integração econômica, uma recessão em grandes economias pode rapidamente afetar outros países. A liderança dos Estados Unidos após a Primeira Guerra não demorou a ruir: a Grande Depressão que se seguiu disseminou-se pelo mundo, causando uma desaceleração econômica global e, mais uma vez, uma guerra.

Abalo mundial

No final dos anos 1920, o crescimento norte-americano se reverteu. Entre os fatores estava o excesso de produção de mercadorias e a inflação decorrente da alta oferta de dinheiro por meio do crédito, além das taxas de juros artificialmente baixas para apoiar as exportações. A quebra da bolsa de Wall Street, em 1929, causou a perda de milhões de dólares. A depressão econômica durou uma década e expandiu-se, causando um abalo econômico em todo o mundo.

Barreiras ao comércio

Com o declínio do comércio internacional, as nações não pouparam esforços para proteger suas economias. Medidas protecionistas*, como a taxação dos bens importados pelos Estados Unidos, causaram retaliações de outros países; algumas moedas foram desvalorizadas a fim de aumentar a competitividade das exportações. O fechamento de bancos, empresas e fábricas causou desemprego, e o aumento de preços fragilizou os governos, dando impulso a movimentos nacionalistas. A República de Weimar, na Alemanha, que lutava para pagar as indenizações da Primeira Guerra, entrou em colapso e ali o fascismo encontrou terreno fértil. O resultado foi a eclosão da Segunda Guerra Mundial.

*Medidas protecionistas – barreiras ao comércio internacional erguidas pelos governos a fim de proteger os interesses das indústrias e dos produtores nacionais.

Como recuperar um país

A Segunda Guerra arruinou as economias europeias. Para ajudar a recuperação econômica e promover a estabilidade política, a segurança e o restabelecimento dos mercados e do comércio internacional, o secretário de Estado dos Estados Unidos George Marshall criou o Programa de Recuperação Europeia, ou Plano Marshall, que consistia em um auxílio financeiro. Em 1951, a produção industrial na Europa Ocidental registrou um crescimento de 30% em comparação com os níveis observados no início da guerra, em 1939. O papel norte-americano reforçou a posição do país como potência econômica mundial até o fim do século 20.

Por sua condição de país aliado, a Rússia tinha o direito de reivindicar ajuda do Plano Marshall, mas recusou o que chamou de "imperialismo do dólar", antecipando o uso (geralmente pejorativo) do termo "americanização" para descrever a globalização. Ao lado de outras nações do Leste Europeu, o país formou o Conselho para Assistência Econômica Mútua (Comecon) e isolou-se atrás da "cortina de ferro". O comércio com a região ficou congelado até o final do século 20.

Órgãos internacionais

Para evoluir, o processo de globalização precisa do suporte de acordos internacionais e de uma economia mundial estável. Tanto a Grande Depressão como a Segunda Guerra deram origem a uma nova era de relações globais artificiais. Os órgãos de comércio de atuação mundial foram criados para propiciar um espaço no qual os países possam discutir uns com os outros e colaborar na busca dos interesses nacionais.

Os frutos de Bretton Woods

* **Banco Mundial** – banco com apoio internacional que faz empréstimos aos países em desenvolvimento. O Grupo Banco Mundial inclui três outros organismos que trabalham com os governos e o setor privado: a Corporação Financeira Internacional (CFI), a Agência Multilateral de Garantia de Investimentos (MIGA) e o Centro Internacional para Arbitragem de Disputas sobre Investimentos (CIADI).

Em 1944, a conferência da ONU reuniu 45 países em Bretton Woods, New Hampshire, nos Estados Unidos. Uma das decisões foi a criação do Fundo Monetário Internacional (FMI), com a incumbência de garantir a estabilidade do sistema monetário e financeiro internacional. Hoje o fundo conta com 185 países membros e atua na prevenção e solução de crises, na promoção do crescimento e em medidas para reduzir a pobreza. O Banco Mundial* também foi concebido em Bretton Woods. Seu objetivo principal é auxiliar na reconstrução em casos de conflitos, desastres naturais ou emergências humanitárias. A redução da pobreza é hoje uma das grandes metas.

Apesar da tentativa feita em Bretton Woods de gerar um acordo sobre as relações de comércio globais, o Acordo Geral sobre Tarifas Aduaneiras e Comércio (GATT, em inglês) só foi implementado em 1948. A ideia era estimular a liberalização (eliminando algumas barreiras protecionistas erguidas na década de 1930) e oferecer um fórum de negociações para conflitos entre países.

Em 1995, foi criada a Organização Mundial do Comércio (OMC) em substituição ao GATT. O objetivo continua sendo assegurar o livre comércio, além de proteger os países de possíveis efeitos colaterais sociais e econômicos.

Promoção da prosperidade

*Teoria das partes interessadas – *ou teoria dos stakeholders. Defende que as empresas devem levar em conta os interesses de todos os envolvidos – colaboradores e comunidade local, investidores, clientes e fornecedores.*

Na década de 1970, surgiram diversos órgãos com foco na economia. O Fórum Econômico Mundial derivou do Fórum Europeu de Gerenciamento, criado para discutir maneiras de acompanhar as práticas gerenciais em uso nos Estados Unidos. O fórum gerou ainda a teoria das partes interessadas (*stakeholders*)*.

A agenda da entidade passou a incluir questões econômicas e sociais e, em janeiro de 1974, pela primeira vez líderes políticos foram convidados a participar dos debates realizados em Davos, na Suíça. Em 1976, a organização abriu espaço para o que chamou de "mil maiores empresas do mundo" e iniciou uma parceria com a China. Em 1979, lançou o Relatório de Competitividade Global, uma tabela que classifica os países de acordo com diversos fatores, como a infraestrutura, a educação e o preparo tecnológico. Em 1987, o nome foi mudado para Fórum Econômico Mundial, quando a organização estendeu seu alcance à solução de conflitos internacionais. Um contraponto é o Fórum Social Mundial, criado no Brasil em 2001.

PARA PENSAR... O QUE FAZ O G8?

Em 1975, os líderes de seis países – França, Japão, Estados Unidos, Itália, Alemanha e Reino Unido – reuniram-se perto de Paris para discutir questões econômicas globais. O grupo cresceu com a inclusão do Canadá em 1976 e da Rússia em 1998, dando origem ao "Grupo dos Oito" ou G8. Como não tem administração permanente, é gerido em sistema de rodízio e o país que exerce a presidência define a agenda. Os encontros do G8 são um evento importante para o debate sobre a globalização e os desafios de gestão. Apesar de pequeno, o G8 tem influência por causa da riqueza dos países-membros, que representam apenas cerca de 15% da população mundial, mas respondem por mais de 65% da produção econômica global. Por isso, os encontros costumam ser alvo de protestos dos movimentos antiglobalização e de grupos políticos, éticos e ambientais.

Blocos regionais

Os benefícios econômicos da cooperação internacional inspiraram muitos países a formarem alianças comerciais com os vizinhos. Essa integração regional destaca o paradoxo da globalização. Considerando as prioridades de todos os países, a preocupação em ser regional e tornar-se global significa voltar-se aos interesses internos e, ao mesmo tempo, abrir-se para o mundo. A formação de blocos permite atingir esse objetivo.

A Comunidade Europeia

*Protecionismo – blindagem de um país contra a concorrência estrangeira, por meio de medidas como tarifas sobre as importações, cotas restritivas, isenção de impostos e subsídios para a indústria nacional.

Uma iniciativa regional, bastante protecionista* na origem, ultrapassou suas fronteiras iniciais tanto em termos da própria atuação quanto no que se refere ao impacto global. Criada como Comunidade Europeia do Carvão e do Aço logo após a Segunda Guerra, o objetivo da futura União Europeia era promover "o progresso econômico e social dos países" por meio da união aduaneira.

A formação de um mercado comum com concorrência saudável entre os integrantes impulsionou a economia europeia – que estimulou a concorrência global. Hoje, a União Europeia permite a livre circulação de pessoas, bens, serviços e capital dentro de suas fronteiras. Em um mundo competitivo, países europeus de todos os tamanhos podem exercer mais influência quando falam na condição de membros de um dos maiores blocos políticos e econômicos do mundo.

A União Europeia foi criada oficialmente como CEE em 1957, pelo Tratado de Roma. Em 2008, reunia 27 países.

Cerca de dois terços dos cidadãos da União Europeia utilizam uma moeda única, o euro, o que elimina as despesas e os riscos do câmbio e oferece transparência de preços entre os participantes. Em 2002, a aceitação e a introdução progressiva da nova moeda levantaram dúvidas sobre sua viabilidade, mas hoje o euro rivaliza com o dólar na condição de padrão monetário internacional.

Alguns grupos de comércio

Mercosul
Mercado Comum do Sul, foi criado em 1991. Reúne Argentina, Brasil, Paraguai, Uruguai e Venezuela.

NAFTA
Tratado Norte-Americano de Livre Comércio (North American Free Trade Association, em inglês). Grande bloco regional do qual fazem parte Estados Unidos, México e Canadá.

CARICOM
Reúne 15 países do Caribe e foi estabelecido como mercado comum em 1973.

A AELC
(Associação Europeia de Livre Comércio – European Free Trade Association, em inglês) foi criada em 1960 como uma alternativa à Comunidade Econômica Europeia. Hoje reúne Islândia, Noruega, Liechtenstein e Suíça.

A AFTA derivou da Asean – Associação das Nações do Sudeste Asiático (Association of Southeast Asian Nations). Criada em 1992, inclui Brunei, Camboja, Indonésia, Laos, Malásia, Mianmar, Filipinas, Cingapura, Tailândia e Vietnã.

Um modelo diferente

Tornar-se global pode aumentar o acesso a inovações e sistemas de gestão de outros países. Na década de 1970, os Estados Unidos e a Europa, dominantes no comércio mundial, concluíram que as novas tecnologias e os métodos de produção favoreceram o avanço do Japão no mercado global.

Mudança de rumo

Apesar da forte oposição das indústrias norte-americana e europeia, o avanço do Oriente era uma realidade clara. Em setores como siderurgia e construção naval, automobilística e de eletrônicos, os japoneses superaram os produtores ocidentais. O segredo desse sucesso foi um novo modelo de negócio baseado na "produção enxuta" – na verdade, um aperfeiçoamento do taylorismo americano –, desenvolvido pela Toyota após a Segunda Guerra Mundial e amplamente adotado pela indústria japonesa. Os métodos japoneses de redução de custos e desperdício aumentavam a eficiência, atendendo ao mercado e às necessidades dos clientes, mas com a manutenção de um estoque baixo e a produção ajustada de acordo com a demanda – o *"just-in-time"*.

ESTUDO DE CASO

Cenário propício
Em 1962, a Honda se tornou a primeira organização japonesa a instalar uma fábrica na União Europeia. A unidade montada na cidade belga de Aalst media 5 mil m² e incluía instalações para montagem, soldagem, pintura e controle final. A produção dos primeiros carros começou em maio de 1963. Na época a maior fabricante e exportadora de motocicletas do mundo, a Honda construiu a fábrica para evitar as altas tarifas e as cotas de importação estabelecidas pela Europa. O governo belga e a cidade de Aalst aprovaram o investimento. Além de o salário mínimo ser inferior ao de países como a Alemanha, a localização favorecia o transporte e havia boa oferta de mão de obra qualificada.

Atenção à qualidade

Em meados da década de 1970, as indústrias japonesas ganharam destaque mundial pela qualidade da produção. Mas o método que deu origem a essa valorização da qualidade também tinha raízes nos Estados Unidos, nas ideias de William Deming. Seu ciclo de qualidade (ou ciclo de Deming, como é chamado no Japão) definiu quatro etapas para solucionar problemas, com objetivo de garantir o controle da qualidade. Os incríveis ganhos decorrentes dessa abordagem na produção japonesa inspiraram a criação de conceitos locais, como o *kaizen* ou "melhoria contínua". Quando o Ocidente percebeu o sucesso do Japão e o valor da filosofia da qualidade, a inovação não demorou para ser adotada por empresas como a Ford, nos Estados Unidos, e a inglesa Jaguar.

COMO...
APLICAR O CICLO DE DEMING

PLANEJAMENTO
Defina os objetivos e processos de acordo com as necessidades.

↓

INÍCIO
Implemente o processo.

↓

AVALIAÇÃO
Acompanhe e avalie os processos e efeitos na comparação com os objetivos e informe os resultados.

↓

AÇÃO
Tome medidas para os aperfeiçoamentos necessários. Se for preciso, reavalie os passos anteriores e altere os processos antes de implementá-los novamente.

Novas atuações

A globalização foi impulsionada por mudanças intensas no mundo, que abriram acesso a regiões anteriormente isoladas e estimularam o comércio e o desenvolvimento da economia. A incrível evolução econômica da China e da Índia aponta para um retorno em termos geográficos aos pioneiros do processo de globalização. A recuperação da economia russa e o crescimento no Brasil anunciam novas mudanças no cenário.

Surgimento do BRICs*

*BRICs – quatro maiores potências mundiais após os Estados Unidos e a União Europeia; grupo formado por Brasil, Rússia, Índia e China. Juntos, representam cerca de 2,8 bilhões de pessoas, ou cerca de 40% da população mundial.

Após a década de 1980, o mundo passou por grandes mudanças. A Guerra Fria, impasse pós-guerra entre o Ocidente e o Oriente, acabou com a queda do Muro de Berlim, em 1989. A Rússia surgiu como um elemento importante no setor econômico mundial, sobretudo no campo energético. O fim do comunismo levou à abertura e ao desenvolvimento do Leste Europeu: os países da região têm atraído investimentos estrangeiros e o fluxo de emigração pós-democratização vem fornecendo uma grande força de trabalho para a Europa Ocidental.

Apesar do expressivo crescimento nas décadas de 1960, 70 e 80, o Japão voltou a ter sua economia reduzida no fim dos anos 1990. Em 1978, a China comunista iniciou o processo de abertura do mercado, o que resultou em uma economia de crescimento rápido e muito poderosa, com um setor privado dinâmico e que oferece oportunidades sem precedentes para os investidores.

A década de 1990 assistiu também às mudanças na estratégia econômica do Brasil. O comércio e a indústria brasileiros, antes subsidiados e limitados pela intervenção e regulamentação do governo, foram liberalizados em 1990, em decorrência de uma crise fiscal. A Índia também se abriu para o comércio em 1991, quando um programa de liberalização reduziu as barreiras comerciais e eliminou as restrições aos investimentos.

Novos horizontes

As imensas proporções da Índia e a ampla adoção do idioma inglês – atualmente a língua franca dos negócios – criaram grandes oportunidades de terceirização para as indústrias ocidentais, com destaque no setor de serviços. Empresas indianas que atuam com tecnologia da informação, terceirização e soluções de negócios, como a Infosys, a Tata Consultancy Services (TCS) e a Wipro, hoje concorrem com grandes organizações ocidentais, como a Accenture e a IBM.

A oferta de trabalho especializado a preços competitivos transformou importantes membros do BRICs (a China e a Índia) em potências na produção e prestação de serviços, respectivamente. Hoje, os dois países contam com indústrias desenvolvidas e uma presença global crescente. Além disso, empresas ocidentais em busca de novos espaços voltam-se para os mercados chinês e indiano. O rápido crescimento da economia desses dois emergentes está mudando o equilíbrio de poder mundial.

ESTUDO DE CASO

Gigante global moderno

Fundada em 1945, a Tata Motors, maior montadora da Índia, foi também a primeira empresa automobilística indiana a ter suas ações negociadas na bolsa de Nova York. A empresa diversificou-se e deu origem ao Tata Group, um dos maiores conglomerados da Índia. Hoje com operações em mais de 80 países e em seis continentes, exporta produtos e serviços para 85 países. Em 2006-2007, a receita do grupo chegou a US$28,8 bilhões, o que equivale a 3,2% do PIB indiano.

A Tata reúne 98 empresas que atuam em setores diversificados – de sistemas de informação a engenharia, materiais, energia, produtos químicos, itens de consumo e serviços. Entre suas aquisições mais recentes estão as prestigiadas marcas Jaguar e Land Rover, da Ford. A Tata também comprou a siderúrgica Corus (antiga British Steel) e a Tetley, empresa produtora e comercializadora de chá. As aquisições da nova potência tiveram um toque de malícia, considerando o passado colonial da Índia.

Capítulo 2

O que move a globalização?

Entre os principais fatores que propulsionaram a globalização estão as forças econômicas e políticas, as mudanças de poder, a competição por recursos e mercados e a demanda do consumidor – além do tráfego inédito de informações.

Troca de informações

As novas tecnologias e a revolução da informação impactaram não só a facilidade de comunicação como os métodos de produção, distribuição, marketing e organização das empresas. A mudança tecnológica e a inovação são os facilitadores e impulsionadores do crescimento econômico e da globalização.

A "aldeia global"

A concepção de uma "aldeia global" foi introduzida há 40 anos pelo estudioso das comunicações Marshall McLuhan. Na época alguns consideravam suas ideias absurdas, mas hoje elas soam surpreendentes. McLuhan queria saber como a tecnologia afeta o ser humano e as relações interpessoais em uma sociedade cada vez mais integrada pela comunicação instantânea. Sugeriu que o alcance geral de novos meios de comunicação nos permitiria apreciar o impacto de nossas ações em uma escala global, nos obrigando a assumir a responsabilidade sobre elas.

Novas formas de atuar

Ainda hoje a expressão "aldeia global" está associada às ideias de McLuhan, mas também descreve a realidade prática de um ambiente de negócios cada vez mais interconectado. Graças aos avanços das telecomunicações, as empresas conseguem basear grande parte dos relacionamentos profissionais no contato virtual.

- **Videoconferências**, em vez de encontros que exigem a presença física, abrem novas oportunidades para a participação internacional. Os *podcasts* permitem fornecer *briefings* instantaneamente.
- **Telefones celulares**, mensagens SMS e computadores portáteis permitem a comunicação a qualquer instante e em qualquer lugar. Além disso, recursos como o Skype e o VOIP derrubaram os gastos com telefonia, o que representou muito sobretudo para empresas menores. Qualquer pessoa com acesso à internet banda larga pode contatar outras em tempo real, em qualquer parte do mundo, ouvindo a voz e transmitindo imagens.
- **Trabalho à distância** e terceirização são possibilidades que flexibilizaram as formas de trabalho e de avaliação do conhecimento e dos resultados dos profissionais.
- **Horários flexíveis** tornaram-se necessários para combinar o ritmo das pessoas com as demandas de um ambiente profissional que não tem interrupções.
- **Os recursos da internet** permitem que empresas de todos os tamanhos consigam acessar de forma instantânea as fontes de informação, produtos e serviços, além de comercializar seus artigos em outros mercados e a custos menores. O acesso on-line também é inestimável na hora de encontrar informações sobre questões jurídicas, contábeis, editoriais ou relacionadas ao mundo dos negócios, por exemplo.

Abertura de mercados

Nas últimas três décadas ocorreram mudanças extraordinárias no mundo, com a abertura de regiões isoladas e um impulso sem precedentes do comércio e da economia. A queda do comunismo levou à abertura e ao desenvolvimento do Leste Europeu e da antiga União Soviética. O rápido crescimento das economias indiana e chinesa alterou o equilíbrio do poder mundial, até então dominado pelos Estados Unidos.

Um caminho sem volta

*Agências de crédito à exportação
– *instituições de crédito apoiadas pelos governos, que oferecem garantias e seguros para empresas privadas dispostas a fazer negócios no exterior.*

A abertura dos mercados e o livre comércio permitem o desenvolvimento global. No passado, as tarifas (impostos sobre importações) eram bastante adotadas pelos governos para proteger os produtores nacionais da concorrência estrangeira, mas desde a década de 1940 existem esforços internacionais para a remoção das barreiras e a promoção do livre comércio. Ao mesmo tempo, foram criados sistemas nacionais e regionais para estimular o comércio com outros países, como as agências de crédito à exportação*.

Política e poder

A concorrência entre os países e as empresas para explorar mercados novos e já existentes está cada vez mais feroz – o que é uma consequência e um fator de propulsão da globalização ao mesmo tempo.
Os governos não poupam esforços para atrair investimentos estrangeiros e o resultado dessa tendência é que a maior parte do mundo hoje integra uma economia capitalista e globalizada. Também ocorreram grandes mudanças quando a evolução de mercados regionais passou a desafiar a predominância dos tradicionais países ricos, como é o caso da presença cada vez mais poderosa da China nos disputados mercados africanos.

A China chega à África

Atraída pelo grande potencial dos recursos naturais da África, em particular o petróleo, essencial para manter uma economia em crescimento, a China aproximou-se de vários países, oferecendo acordos comerciais, empréstimos e melhorias de infraestrutura. Por um lado, é uma ajuda bem-vinda para as economias da região subsaariana; por outro, uma enormidade de produtos baratos *made in China* inundou o continente. Empresas e governos ocidentais, porém, consideram o avanço chinês mais um problema político do que uma questão competitiva. A China adota uma postura de não interferência e faz negócios com países que têm governos controversos, isolados pelo Ocidente.

Erosão do Estado

A busca geral do capitalismo de livre comércio, o fluxo de capitais pelas várias fronteiras e a interconexão das economias têm trazido questionamentos sobre a redução da autonomia dos Estados. Além disso, a imensa visibilidade de um mundo dominado pelas comunicações eletrônicas concentra a atenção da mídia e das ONGs nos líderes nacionais. Surgem perguntas sobre o que impede essas lideranças de procurar soluções para desafios globais, como a pobreza e as mudanças climáticas. Ao mesmo tempo, um grupo crescente de filantropos ricos e poderosos, muitos enriquecidos com o comércio e as finanças globais, toma medidas independentes de governos ou de linhas políticas para enfrentar desafios mundiais, como as doenças, o desemprego e a fome.

Momento favorável

A eliminação das barreiras comerciais e das tarifas, além dos menores custos de transporte decorrentes dos avanços tecnológicos na área de logística e de distribuição, deram impulso às multinacionais. Da mesma forma que essas empresas se beneficiam da globalização ao ter acesso a recursos globais e a mercados novos, a competição que exercem impulsiona o processo.

A vez das multinacionais

O crescimento das modernas empresas multinacionais teve início no século 19, época da colonização europeia de muitas regiões do planeta e do desenvolvimento do Novo Mundo (América do Norte e do Sul). Esse "apogeu do imperialismo", como às vezes é definido, pode ser visto como a primeira etapa da globalização. No século 20 predominaram as empresas americanas, ainda fortes no cenário do século 21 – embora hoje uma nova onda de multinacionais, muitas baseadas em países afastados de tradicionais centros como o Fórum Econômico Mundial e o G8, ganhe cada vez mais espaço. Em 2007, o ranking anual do *Financial Times,* que relaciona os países com maior atuação global em termos de valor de mercado, apontou a liderança dos Estados Unidos, com 184 empresas, seguido do Japão, com 49; do Reino Unido, com 41; da França, com 32 e da Alemanha, com 20. Pela primeira vez na classificação, a China foi direto para o sétimo lugar, com oito grandes empresas mundiais, todas recentes. Hong Kong ficou em 14º lugar, também com oito organizações.

FTSE GLOBAL 100
Aponta as cem maiores multinacionais (empresas que têm mais de 30% da receita vinda de fora da sua região) por capitalização de mercado.

O longo alcance das empresas globalizadas

A exploração de mercados em todo o planeta envolve a criação de complexas redes de fornecimento para permitir o transporte de matérias-primas até as unidades de fabricação e depois levar o produto até os atacadistas, varejistas e consumidores finais.

O Adidas Group, por exemplo, terceiriza mais de 95% da produção de calçados, roupas e acessórios para fabricantes instalados sobretudo na Ásia. Em 2007, essa operação envolveu cerca de 377 parceiros – que também contratavam outras empresas. Além disso, a Adidas tem fábricas próprias na Alemanha, Suécia, Finlândia, Estados Unidos, Canadá, China e Japão.

Ainda na mesma cadeia de fornecimento, a Adidas contrata os serviços da Pittards, empresa inglesa especializada em produtos de couro inovadores e de alta qualidade, que trabalha para os grandes fabricantes de luvas, calçados, equipamentos esportivos e artefatos de luxo. Originalmente, a Pittards mantinha uma divisão própria de matérias-primas na Escócia, onde processava as peles de animais para uso nas suas fábricas ou para venda a terceiros. Em 2005, transferiu as atividades de curtume para a Etiópia, ao formar uma *joint venture* com a Ethiopia Tannery Share, parceira e fornecedora de couros, sobretudo de ovelha e cabra. Um ano depois, a Pittards assinou um acordo de licenciamento para calçados com um parceiro de Taiwan, a Teh Chang.

A Pittards importa peles em estado bruto de países como a Etiópia, a Nigéria e o Sudão, e outras matérias-primas e componentes químicos de fornecedores situados na Jordânia, Iêmen, Indonésia, Brasil, Peru, Nova Zelândia e Estados Unidos. Depois exporta o couro processado para mais de 30 países, na Europa, América do Norte, Índia, Paquistão, Filipinas e Extremo Oriente. Entre os principais clientes estão Lacoste, Nike, Head, Hummel, Rawlings, SportHill, Timex, Kenzo, Footjoy e Camper.

Influência crescente

Muitas questões envolvem o poder e a influência das multinacionais e a maneira como a "cadeia de valor" pode ser distorcida quando os itens são produzidos em um país de custos muito baixos e tornam-se produtos de alto valor nos mercados nos quais são vendidos. Isso explica porque, por exemplo, algumas multinacionais apresentam lucros superiores ao PIB de determinados países. Corporações de tal dimensão e alcance não funcionam apenas como motores do crescimento econômico, mas também são agentes importantes de mudanças sociológicas e políticas, o que leva a importantes questionamentos sobre a responsabilidade e a governança dessas organizações.

Novas formas de consumo

Do lado do consumidor, a disponibilidade de uma oferta cada vez maior (e, em muitos casos, mais barata) de produtos impulsionou a demanda nos países ricos, enquanto a crescente aspiração dos consumidores deu ímpeto às vendas nos países em desenvolvimento. Em todo o mundo, os consumidores se acostumaram a comprar produtos e serviços de países distantes, e as marcas estrangeiras ficaram cada vez mais familiares e caíram no gosto dos clientes.

O uso de mecanismos de busca, redes sociais e profissionais, blogs e outras formas de interação abriu oportunidades sem precedentes aos compradores, mas também permitiu às empresas o acesso inédito às informações sobre hábitos de consumo, tendências e desejos do mercado. As novas tecnologias apresentaram formas inovadoras de publicidade, como as "campanhas virais". A coleta eletrônica de informações com base na navegação na internet e no histórico de compras, procedimento que levanta polêmica sobre o direito à privacidade, permite um marketing direcionado.

Barreiras possíveis

A globalização se baseia na abertura dos mercados, mas o processo para uma economia desregulamentada nem sempre é suave. Existem expectativas de que os governos protejam suas economias, o que envolve alguns controles. Apesar dos esforços internacionais ainda existem medidas protecionistas, como impostos sobre importação e outras barreiras não tarifárias*.

Comércio livre

***Barreiras não tarifárias** – outra forma de conter o fluxo de importações de um mercado, além da criação de impostos. Alguns exemplos são os subsídios aos produtores nacionais, as cotas de importação e as normas de segurança.

Apesar das enormes mudanças ocorridas no mundo, é grande a tendência de que os governos tentem proteger suas economias e interesses internos. Os esforços da Organização Mundial do Comércio (OMC) para liberalizar os mercados envolvem acordos multilaterais (entre vários países). Os integrantes da OMC devem estender as condições igualitárias de negócios a todos os outros membros. No entanto, muitos governos ainda recorrem a políticas unilaterais (adotadas por um só país), em geral para proteger a subsistência dos grupos politicamente influentes nos setores internos.

Proteção especial

As políticas comerciais unilaterais são comuns sobretudo na agricultura, tanto para proteger o abastecimento de alimentos como para preservar o que se considera "formas tradicionais de vida". Em alguns países, é bastante forte a proteção dedicada aos produtores de artigos básicos, como itens agrícolas ou produtos manufaturados com forte presença na cultura local – como o arroz no Japão ou o vinho na França –, especialmente quando a concorrência começa a oferecer custos mais baixos. No Japão, por exemplo, as tarifas sobre o arroz importado deixam o produto 1.000% mais caro do que o arroz produzido localmente.

Exemplos de medidas protecionistas

COTAS DE IMPORTAÇÃO
Os governos podem impor dois tipos de cotas: tarifárias, para restringir o volume total ou o valor dos bens importados com taxas preferenciais; ou de quantidade, que limitam as importações gerais.

MEDIDAS ANTIDUMPING
Adotadas para conter casos comprovados de *dumping* – quando os itens são exportados por menos do que o preço cobrado no mercado interno.

REGRAS DE ORIGEM
Criadas para definir o país ou a região de origem dos produtos, tanto o local de extração como o de produção, ou onde ocorreu o último processo significativo de manufatura. As definições de origem determinam se os itens importados estão sujeitos a cotas ou tarifas específicas.

EXIGÊNCIAS DE CONTEÚDO LOCAL
Impostas pelos governos para controlar o investimento direto e estimular a capacidade local de produção e de emprego. Em geral favorecem a transferência tecnológica, pois as empresas estrangeiras que se instalam em um país precisam atuar com cadeias de fornecedores locais, para garantir a compatibilidade.

EXIGÊNCIAS BUROCRÁTICAS
Esforços para dificultar as importações por meio de trâmites legais, como a necessidade de certificados, declarações e instruções bancárias.

ESTUDO DE CASO

Roupas baratas

Em 2005, as regras que por décadas controlaram o comércio de vestuário e de têxteis (Acordo Multifibras) foram abolidas, o que significou o fim das cotas de importação impostas a esses bens. O resultado foi que os produtos mais baratos provenientes da Ásia, especialmente da China, inundaram os mercados ocidentais, alegrando varejistas e consumidores. Uma das consequências foi a mudança enorme e rápida da produção existente na Europa Ocidental, no Japão e nos Estados Unidos para a Ásia (sobretudo China), o México e o Leste Europeu. A participação da China no mercado mundial, que era de 4% em 1985, por exemplo, subiu para cerca de 25%. Tanto os EUA como a Europa tentaram impedir o fim do Acordo Multifibras, no esforço de proteger as próprias indústrias têxteis. Quando a tentativa falhou, entraram em vigor as cotas de importação para peças chinesas. Assim que foram anunciadas, os atacadistas e varejistas correram para encomendar peças da China, esgotando as cotas – um exemplo dos conflitos que podem surgir em um mercado liberalizado.

As medidas das nações ricas para proteger suas economias causam polêmica. Faz sentido que os produtores do país A queiram defender seus meios de subsistência contra uma onda de importações com preços inferiores vinda do país B, onde os produtores contam com vantagens como mão de obra e materiais baratos. Os consumidores, contudo, podem preferir a opção de comprar os itens provenientes do país B. Alguns países ricos usam recursos para subsidiar a indústria interna, baixando preços mundiais e prejudicando os produtores das nações subdesenvolvidas. Os EUA, por exemplo, são criticados por subsidiar o cultivo do milho, vendido a preços muito baixos para o México – o que compromete o sustento dos agricultores mexicanos.

Arbitragem de conflitos

***Tarifa externa comum** – *tarifa fiscal imposta igualmente por todos os membros de uma união aduaneira, válida para todas as mercadorias vindas de qualquer país externo ao grupo.*

As políticas comerciais em blocos regionais, que favorecem os países-membros em detrimento dos que não fazem parte do acordo, também podem funcionar como uma barreira ao livre comércio. As iniciativas da União Europeia para proteger os países que a integram, por exemplo, incluem medidas relativas aos setores de vestuário e de automóveis, como a instituição de uma tarifa externa comum* sobre as importações.

Países que se sentem afetados por ações protecionistas unilaterais ou regionais podem entrar com um recurso na Organização Mundial do Comércio, e as decisões da OMC muitas vezes mostram como as medidas protecionistas distorcem o comércio. A disputa mais longa na história da instituição ficou conhecida como "guerra das bananas", uma discussão que surgiu porque o regime de importação da fruta adotado na UE desrespeitava as regras do livre comércio. Por causa das relações históricas entre os países europeus e suas antigas colônias, a preferência para a compra do produto ia para exportadores da África, do Caribe e do Pacífico (grupo ACP), discriminando os de outras áreas, sobretudo da América Latina. Em 2001, a UE decidiu adotar um regime de tarifa única para garantir o acesso igualitário ao mercado a partir de 2006. No entanto, não cumpriu o compromisso e introduziu uma tarifa de €176 por tonelada para bananas provenientes dos países que não pertencem ao ACP. Os críticos da OMC alegam que a instituição não tem nem ousadia nem disposição para fazer as nações ricas seguirem as determinações.

Críticas à globalização

Quando o fenômeno da globalização saiu do mundo dos negócios e das finanças e tornou-se um processo conhecido, ganhou grande espaço na mídia, sobretudo por meio dos protestos antiglobalização ocorridos em Seattle em 1999 e nos demais encontros do G8. Nesses atos, manifestantes de todo o mundo representavam interesses distintos, com motivações ambientalistas, anticapitalistas ou humanitárias.

O que dizem os oponentes

Um argumento comum nos protestos antiglobalização é o descontentamento com os custos humanos e ambientais do processo, além da partilha desigual dos benefícios. Há quem defenda que a integração global está mais para disputa de poder entre os ricos do que uma tentativa de "nivelar o jogo" entre todos os participantes. Alguns aspectos são difíceis de serem contestados, pois envolvem o que se define como "subproduto" do capitalismo de mercado:

• A redução progressiva das barreiras comerciais e de investimentos pressiona a redução dos salários;
• O ritmo acelerado das mudanças tecnológicas cria maior insegurança no trabalho e diminui a garantia de emprego;
• A adoção de padrões ambientais inadequados em alguns países contribui para o aumento da poluição – uma "externalidade sem preço"* da globalização;
• O processo aumenta a desigualdade de renda, tanto entre os países como dentro deles, o que gera tensões sociais e políticas;
• Os governos perdem autonomia;
• A desregulamentação dos setores de produção e de serviços leva a maiores oportunidades de especulação.

***Externalidade sem preço** – *consequências da atividade de empresas estrangeiras para o ambiente e a economia local, como a poluição e o aumento do volume dos aterros.*

Novo imperialismo

Além dos alertas para a exploração econômica dos países mais pobres, há quem tema outro efeito, menos tangível mas igualmente daninho. Os críticos da globalização temem que a exposição dos consumidores dos mercados recentes a produtos e marcas do mundo desenvolvido resulte na padronização dos gostos e aspirações – e, assim, na erosão da diversidade cultural. Alguns países do Velho Mundo com identidade nacional forte creem que a globalização está minando sua cultura e impondo um estilo de vida anglo-saxão ou americano, marcado pelo crescente número de empregos com baixa remuneração e ocupação parcial, mas com pouca ou nenhuma segurança. Ainda que o impacto seja de natureza econômica, social ou cultural, a percepção de que a globalização é impulsionada por interesses e culturas específicos também incentiva o temor de um "novo imperialismo cultural", o que pode levar ao aumento de tendências nacionalistas. Os vários desafios da globalização tornam-se cada vez mais intensos por causa do ritmo acelerado das mudanças e da ausência de uma governança eficaz, incluindo um código global de ética.

Biopirataria – a apropriação dos recursos nativos

"Biopirataria" é um termo negativo que designa as tentativas do Ocidente de explorar e patentear o conhecimento e os recursos naturais do mundo em desenvolvimento. Tanto a União Europeia como os Estados Unidos, por exemplo, concederam várias patentes para uso do óleo da árvore nim, cujas propriedades benéficas há tempos são conhecidas na Índia. Os EUA também tentaram patentear a cúrcuma, usada no sul da Ásia para fins de cura, e o arroz basmati. Essas duas tentativas fracassaram após uma longa e cara batalha, mas nem sempre os países pobres têm recursos para se defender.

Capítulo 3
Os negócios em um mundo global

Existem vários caminhos para a expansão global, da terceirização de um componente a grandes investimentos no exterior. O planejamento cuidadoso e as pesquisas são essenciais tanto para a estratégia como para o ingresso em novos mercados.

A decisão de mudar

Muitos mercados desenvolvidos apresentam pouco ou nenhum crescimento, mas estão cada vez mais competitivos. Como estratégia, "tornar-se global" oferece muitas possibilidades de comercialização e de redução de custos operacionais, item que favorece a competitividade dos preços e reforça o potencial de marketing e de expansão.

Um futuro global

Ao pensar em uma estratégia global, o objetivo geralmente é otimizar a cadeia de valor – ou seja, maximizar os ganhos, mas garantindo a qualidade do produto ou serviço – por meio de medidas como atuação em outros mercados, sistema de franquia, terceirização e *offshoring** ou IED (investimento estrangeiro direto), além de construção de fábricas e de canais de distribuição. Uma grande empresa em geral conta com os recursos para planejar a expansão, mas organizações de pequeno porte recorrem a consultoria específica.

***Terceirização e offshoring** – *terceirizar significa transferir atividades de uma empresa para outra. Quando a operação envolve terceirizados estrangeiros, o nome usado é offshoring.*

Benefícios da globalização

***Proposta única de valor** – *aquilo que diferencia um produto ou serviço da oferta dos concorrentes.*

O potencial global da sua empresa depende de tamanho, localização, mercado, recursos, inovação e aspirações. Você precisa identificar a sua proposta única de valor*, seus aspectos fortes e fracos e as oportunidades e ameaças que podem surgir na busca dos objetivos propostos.

Considere as oportunidades oferecidas pela expansão global e quais se aplicam ao seu caso:
- Crescimento do negócio em novos mercados;
- Vantagens decorrentes do maior acesso a recursos como matérias-primas e mão de obra qualificada;
- Redução da concorrência por meio da compra ou fusão com empresas concorrentes;
- Marketing e *branding* mundiais;
- Mercados novos para produtos antigos e desenvolvimento de itens novos e mais adequados a mercados estrangeiros;
- Uso de um ponto para servir de base regional, permitindo acesso mais fácil aos mercados próximos;
- Economia de escala: chance de comprar matérias-primas e de produzir a custos mais baixos;
- Custos menores de produção, como mão de obra mais barata ou maior produtividade;
- Funcionamento sem interrupção, como os sistemas de atendimento que atuam 24 horas todos os dias;
- Benefícios financeiros, como subsídios, menos tributação ou taxas de juros mais baixas;
- Ambiente de operação mais simples ou barato, com menos burocracia, exigências legais ou estímulo ao investimento direto.

> **? PERGUNTE-SE...**
> **QUAL ESTRATÉGIA É A MELHOR?**
>
> - O que sua empresa quer?
>   – reduzir custos?
>   – crescer?
>   – atuar em novos mercados?
>   – potencial para novos produtos?
>   – a vantagem de ser líder?
>   – a vantagem de seguir tendências?
> - É preciso tornar-se global?
> - Quanto vai custar?
> - A empresa pode bancar isso?
> - Quais as habilidades necessárias?
> - Devemos terceirizar?
> - Devemos abrir franquias?
> - Como encontrar fornecedores?
> - É o caso de pensar em fusão, aquisição ou investimento direto?
> - O que precisa mudar em termos de gestão?
> - Quais os riscos?

Atuação ampliada

Há muitas formas de levar a atuação da empresa a outras fronteiras, desde a transferência da produção para instalações em outro país até a oferta de produtos ou serviços no mercado virtual pela internet. A estratégia pode apresentar um alto grau de complexidade, sobretudo quando o movimento envolve investimento estrangeiro direto, ou ser relativamente simples – mas é essencial identificar os problemas e riscos.

Terra estrangeira

*Crescimento orgânico – aumento dos volumes de negócios por meio da introdução de novos produtos, do aumento das vendas em novos mercados ou da construção de fábricas para ampliar a produção.

Para competir em escala global, algumas opções são:
- Investimento na implantação de pontos de venda ou de fábricas em outro país (crescimento orgânico*);
- Fusões e aquisições;
- Alianças estratégicas;
- Exportações;
- Acordo de distribuição ou franquia;
- Atuação comercial pela internet, com capacidade para entregar produtos em outras localidades.

Definição de metas

A complexidade de sua estratégia de expansão irá variar de acordo com o país de origem, o mercado-alvo, a natureza do produto ou serviço e o tipo de operação desejada. Uma empresa que pretende montar uma rede de vendas ou uma unidade de produção, por exemplo, não irá lidar apenas com as autoridades locais ou regionais para obter as autorizações, mas terá de contratar advogados e contadores para garantir o respeito às leis locais. Uma opção é comprar uma empresa estabelecida ou fundir-se com ela. Embora a alternativa reduza os riscos do começo em um ambiente desconhecido, uma *due diligence** completa é essencial.

Lição de casa

Qualquer que seja o caminho escolhido para a expansão, sua avaliação terá de considerar uma série de questões. É essencial pesquisar o mercado potencial e mapear as condições, os riscos e desafios. Após a implantação, uma empresa exportadora ou franqueadora terá de lidar com empresas e profissionais locais, e será essencial conhecer os procedimentos de atuação no país (sistema burocrático, documentos exigidos, requisitos contábeis e fiscais, entre outros).

***Due diligence** – avaliação detalhada de todos os aspectos de uma empresa antes de uma fusão ou aquisição.

Operações em vários mercados

Planejar e implantar uma unidade no exterior ou transferir uma divisão de sua empresa para outro país é um grande desafio estratégico e requer comprometimento elevado de recursos. É essencial avaliar quais fatores e políticas da organização já existente serão levados para além das fronteiras.

Novos desafios

Montar uma empresa em outro país significa implantar um sistema de gestão, que tanto pode espelhar o modelo existente na sede como exigir adaptações às condições locais. Algumas questões a serem avaliadas atentamente são:
- **Estratégias** de investimento, pesquisa e desenvolvimento, inovação, produção, vendas, logística e marketing;
- **Políticas** sobre carreira e salários, treinamento e oferta de oportunidades;
- **Cultura e práticas corporativas** relativas a comunicação, sustentabilidade* e ética.

*Sustentabilidade – credenciais "verdes", éticas e políticas no que se refere a questões como o uso de energia, sistemas de abastecimento, condições de trabalho e de segurança de uma empresa.

Estruturas possíveis

A gestão de uma empresa multinacional pode ser centralizada, com as decisões tomadas na sede; descentralizada, com filiais independentes; ou ainda parcialmente descentralizada, com a decisão cabendo à sede apenas em algumas questões, em geral de estratégia e de finanças, mas possivelmente também de desenvolvimento de conceitos e produtos. A duplicação de funções irá depender da estrutura ou modelo operacional adotado.

Modelo vertical

Se sua empresa oferece um produto que se diferencia pela autenticidade e pelo forte compromisso com a produção sustentável, você pode optar por um modelo vertical. O crescimento e desenvolvimento globais se darão "para trás" na cadeia produtiva, do abastecimento até a produção de matérias-primas, o que confere mais controle sobre a fabricação do que a contratação de terceiros. A ECCO, empresa dinamarquesa de gestão familiar que produz calçados, é deste tipo e afirma ser o único produtor no mundo a controlar a cadeia "da vaca ao sapato". Tem curtumes próprios, cinco fábricas em várias partes e cinco polos de vendas em três continentes.

Modelo horizontal

Uma definição rápida de funcionamento horizontal é "fazer a mesma coisa em vários locais". Assim, o sucesso depende de quem são os concorrentes em cada mercado. Adota esse sistema quem vende para o mundo todo, como a Apple® ou a Coca-Cola®, oferece serviços em países diversos, como as consultorias, ou exporta um conceito de varejo, como a sueca IKEA, gigante da produção de móveis. Operadores horizontais podem ainda ampliar as cadeias de fornecimento de forma centralizada ou em vários locais, ou contratar fabricantes. A varejista britânica Tesco atua globalmente. Apesar do funcionamento horizontal, concentra-se em uma "função central" e parte da produção se processa de forma vertical.

O que é ser "glocal"

Uma empresa multinacional que reconhece diferenças culturais e geográficas e adapta suas estratégias de expansão, estruturas operacionais, práticas, produtos e serviços aos mercados locais é chamada de "glocal". Este modelo "combinado" deu origem ao mantra "pensar globalmente, agir localmente", que se disseminou pelo mundo na década de 1990.

Pensamento amplo

DICA

VIAGENS DE CONHECIMENTO
Muitos países subsidiam viagens de prospecção de negócios. Consulte os órgãos de promoção de exportação dos mercados que pretende conhecer melhor.

Para construir um modelo glocal, é preciso reavaliar os valores e a imagem do seu produto ou serviço a partir de uma perspectiva global. Qual mensagem funciona fora do mercado interno? Pode ser adaptada? O seu produto ou serviço exige alterações? É melhor juntar forças com uma empresa local?

Um exemplo é a empresa francesa Danone, mais conhecida na Europa pelos produtos lácteos. A companhia adotou uma estratégia glocal que incluiu investimento, aquisições e alianças para criar um portfólio de produtos com apelo específico nos vários mercados. Na China, onde o consumo de lácteos é baixo entre adultos, juntou-se à produtora de sucos local Hui Yuan e criou um nicho de mercado para o iogurte com sabor de pilriteiro. Na Rússia, produz uma versão probiótica da tradicional bebida de leite e grãos chamada *kefir*. Na América Latina e no Leste Europeu, a empresa aproveitou a nova demanda por águas aromatizadas. Na Indonésia, as vendas de água em garrafa foram acompanhadas da iniciativa local para melhorar o acesso à água potável. As campanhas de marketing são voltadas para questões de saúde e sociais: o iogurte é apresentado como "saudável para as crianças" na China e na Espanha, mas nos Estados Unidos diz "promover o funcionamento intestinal". Na França, a empresa lançou uma linha de iogurtes que anuncia benefícios estéticos.

Risco diluído

Apesar de exigir um investimento significativo em pesquisas de mercado e de produto, a estratégia "glocal" de um portfólio diversificado e difundido por vários mercados pode trazer muitas vantagens. A compra ou junção de empresas locais e com histórico comprovado gera economia de custos se comparada com a implementação a partir do zero. Se você tem parceiros internacionais familiarizados com os mercados locais, está bem colocado para identificar e explorar áreas de alto crescimento. Fica mais fácil lidar com recessões locais. De acordo com o presidente da Danone, Franck Riboud, "nosso crescimento não depende dos altos e baixos das várias partes do mundo. Com nossa ampla base geográfica, conseguimos enfrentar melhor os períodos ruins, comuns em todos os mercados".

❓ PERGUNTE-SE... MINHA EMPRESA PODE SER "GLOCAL"?

- A atuação e os produtos da empresa interessam a outros mercados ou será preciso adaptá-los?
- Que novas áreas de crescimento do setor ainda estão pouco representadas no mercado-alvo?
- Quais áreas de crescimento do mercado interno podem ser ampliadas para atuação externa?
- Qual nicho do nosso setor é menos atendido no mercado-alvo?
- Quais empresas locais oferecem produtos ou serviços que concorrem com o que temos para oferecer atualmente?
- Foram feitas todas as avaliações sobre as empresas locais que podem funcionar como parceiras?
- A empresa já teve experiências com *joint ventures*? Obteve bons resultados? Caso negativo, o que levou ao fracasso?

ESTUDO DE CASO

Um gigante global vira "glocal"

O Wal-Mart surgiu em 1962 como uma loja, em Rogers, Arkansas, nos Estados Unidos. Hoje é um gigante global, que aplica seu conceito varejista em mais de 3 mil unidades fora dos Estados Unidos. No entanto, até o Wal-Mart teve de "glocalizar" sua gama de produtos e o modelo de atuação para entrar no mercado chinês. A empresa possui um sistema centralizado de compra de itens, mas preciosu se adaptar. A imensa procura por produtos frescos, sobretudo verduras e folhas, exigiu a compra de fornecedores locais. A largura dos corredores também foi ampliada. O governo chinês exigiu que bebidas alcoólicas e cigarro fossem produzidos no país. Além disso, a empresa americana surpreendeu-se com a lealdade dos consumidores a marcas locais, e por isso 85% dos produtos vendidos nas lojas chinesas Wal-Mart vêm de fornecedores nacionais.

Opções de terceirização

As formas de terceirização (*outsourcing* e *offshoring*, em inglês) trouxeram novas possibilidades de produção. Com a globalização, países que durante séculos atuaram como fonte de recursos naturais transformaram-se em valiosos fornecedores de produtos industrializados ou semiprocessados ou em centros de prestação de serviços.

Transferência de tarefas

Os elevados custos em alguns países e a necessidade de competir com empresas mais econômicas levaram várias organizações a transferir sua produção para outras partes do país ou até a transplantar toda a operação para além de suas fronteiras – um processo conhecido como *offshoring*. A fabricante de calçados norte-americana Nike, por exemplo, emprega de forma direta e indireta quase 1 milhão de pessoas. Atuante em mais de 160 países, terceiriza a produção para produtores no mundo inteiro, em especial na China e no Sudeste Asiático.

Qual o melhor destino?

Encontrar um parceiro em outro país depende sobretudo de quais aspectos da operação você quer terceirizar – se for fabricação e montagem, por exemplo, é essencial calcular os custos de transporte. Muitas empresas terceirizam o atendimento ao cliente ou as atividades que envolvem pouco contato com os consumidores, como contabilidade e processamento de dados (*back-office*, em inglês). Hoje, a Índia é um disputado fornecedor de serviços de *call center* e de tecnologia da informação. O país se destacou durante os preparativos para o bug do milênio*, ao revelar uma força de trabalho qualificada e mais apta para abordar o problema do que nos Estados Unidos e outros países ocidentais.

***Bug do milênio**
– *problema previsto (mas não ocorrido) nos sistemas dos computadores por causa da mudança de dígitos, ao se passar de 1999 para 2000.*

VANTAGENS DO OFFSHORING

- Redução de custos
- Acesso a novos talentos
- Flexibilidade, como a possibilidade de oferecer atendimento ininterrupto aos clientes
- Possibilidade de *upgrading* tecnológico só em nível local
- Acesso a serviços de alta qualidade, como soluções de tecnologia da informação, só quando necessário

SUA EMPRESA NO MUNDO

DESVANTAGENS DO OFFSHORING

- Risco de problemas de gestão e qualidade
- Prejuízo à imagem se as condições de trabalho dos terceirizados forem inadequadas
- Risco de perda de controle ou segurança, como no caso de propriedade intelectual
- Possibilidade de resistência dos consumidores
- Prejuízo à imagem se a operação custar o desemprego no país da sede

ESTUDO DE CASO

Presença mundial
Líder brasileira na fabricação de carrocerias de ônibus, a Marcopolo figura também entre as maiores de seu segmento no mundo. Fundada em 1949 na cidade gaúcha de Caxias do Sul, está presente em cerca de cem países dos cinco continentes e já produziu mais de 200 mil ônibus. A empresa tem três fábricas sediadas no país e outras oito instaladas na América Latina (Argentina, Colômbia e México), África (África do Sul e Egito) e Ásia (China e Índia, onde possui duas unidades fabris em parceria com a Tata Motors). Em 2009, como reflexo da crise financeira internacional, encerrou as atividades produtivas na Rússia e em Portugal, mas segue disposta a cravar posições na Europa. As encomendas geradas por conta da realização da Copa do Mundo da África do Sul, somadas ao aquecimento da demanda no mercado brasileiro, levaram a Marcopolo a obter, apenas no primeiro semestre de 2010, o melhor resultado de sua história, com lucro de R$148 milhões.

Prós e contras

Se você está pensando em transferir atividades para outro país, tenha em mente que esta é uma questão que exige prudência, sobretudo se a decisão resultar na perda de empregos no local em que atua. Um exemplo ocorreu em 2003, quando o Estado norte-americano de Indiana abriu concorrência para atualizar o sistema de pedidos de seguro-desemprego. A Tata America, um braço da indiana Tata Consultancy Services, venceu ao oferecer um contrato um terço mais barato do que os cotados por empresas como a Accenture e Deloitte. Assim, foram criados empregos na Índia em vez de abrir novas vagas em Indiana – e justamente na entidade encarregada do controle do desemprego. A decisão causou uma grande turbulência política. Se você atua em um setor no qual as questões de emprego são sensíveis, avalie com atenção se a economia nos custos compensa os possíveis danos à sua imagem.

Abrindo caminhos

Hoje, as empresas conseguem separar suas atividades com minúcia, levando-as "em partes" para os locais de produção mais rentável. O jornalista americano Thomas Friedman, autor do livro *O Mundo É Plano*, considera essa transferência como um processo que gradualmente "achata" o campo de atuação mundial, capacitando nações emergentes que aproveitam as oportunidades. Friedman se inspirou nas indianas Wipro e Infosys, definidas como "empresas do mundo plano", que se destacaram na terceirização e hoje são gigantes globais.

Conforme a produção passa dos países desenvolvidos para nações menos desenvolvidas, há também transferência de conhecimento, investimentos e tecnologia. Taiwan, por exemplo, costumava ser o principal destino de *offshoring* para fabricação de semicondutores, como *chips* de memória, mas hoje é líder mundial na criação. Com a disseminação do conhecimento, os salários devem aumentar na Índia e em Taiwan, o que resultará em perda da vantagem competitiva – mas será tarde demais para trazer o trabalho de volta para o Ocidente. Alguns temem que, se profissionais do mundo desenvolvido perderem espaço para os colegas das nações emergentes, sobretudo nas áreas da ciência, tecnologia, engenharia e matemática, os estudantes dos países desenvolvidos não terão incentivo para se dedicarem a esses campos. O Ocidente como um todo acabaria por perder a expertise nessas e em outras áreas – e, em consequência, se tornaria dependente dos antigos fornecedores terceirizados.

> ## ❓ PERGUNTE-SE...
> ## MINHA EMPRESA DEVE TERCEIRIZAR?
>
> - Foram avaliados orçamentos de empresas locais e estrangeiras?
> - A decisão será tomada considerando sobretudo custos?
> - O sistema de gestão funciona em outros países?
> - Como a transferência de conhecimentos pode ser feita sem riscos?
> - A segurança dos dados é vital?
> - A atividade em outro país irá causar danos ambientais? Como compensar esse aspecto?
> - Como se certificar de que as empresas terceirizadas adotam práticas trabalhistas corretas?

Oportunidades para as empresas pequenas

Nunca houve um momento melhor para a chegada das pequenas e médias empresas aos mercados estrangeiros. O porte menor em geral propicia mais flexibilidade para mudar, inovar e se adaptar, de forma a atender às necessidades de um mercado em transformação constante.

Uma "micromultinacional"

DICA

PROFISSIONAIS TEMPORÁRIOS
Quando não existe a barreira da língua, as novas tecnologias permitem a busca de *freelancers* em outros países para vários postos de trabalho.

As pequenas empresas que passam a atuar fora do seu mercado são chamadas de "micromultinacionais". O perfis inovadores e de sucesso confirmam as teorias sobre os benefícios do porte reduzido. Muitas dessas organizações são norte-americanas ou europeias, mas a globalização tende a estimular iniciativas em todo o mundo. No caso das pequenas, as operações on-line ajudam a reduzir os custos operacionais. Uma empresa pode funcionar a partir de instalações reduzidas (como um *home office*, por exemplo), com colegas que trabalham juntos virtualmente. Funções como a contabilidade podem ser terceirizadas, se necessário.

✓ PREPARE-SE O QUE UMA EMPRESA PEQUENA PRECISA AVALIAR?

	SIM	NÃO
• Fazer uma pesquisa de mercado	☐	☐
• Procurar uma consultoria	☐	☐
• Informar-se sobre os aspectos jurídicos	☐	☐
• Consultar o banco e os contadores	☐	☐
• Visitar os novos mercados e identificar fontes de ajuda	☐	☐
• Construir relações de confiança	☐	☐
• Manter um registro escrito dos acordos e, para evitar problemas de entendimento, confirmar o combinado por e-mail, pedindo resposta	☐	☐

O caso da Cobra

Algumas empresas têm uma notável capacidade de se adaptar às mudanças econômicas e às tendências do mercado. Um exemplo é a cerveja Cobra, criada em 1989, justamente quando a recessão ameaçava dar o bote. Com um empréstimo bancário de £30 mil, o jovem de 27 anos Karan Faridoon Bilimoria, formado em contabilidade e com pós-graduação em Cambridge, lançou a nova marca a partir do seu apartamento em Londres. O objetivo era oferecer uma cerveja mais adequada para acompanhar o *curry* indiano, prato comum na capital inglesa. Mandou fazer a cerveja em Bangalore e recebeu o primeiro lote em 1990. Ele mesmo levava as bebidas aos restaurantes indianos com seu antigo Citroën 2CV, discretamente estacionado nos arredores.

O negócio decolou e em 1997 a produção foi transferida de Bangalore para o Reino Unido, a fim de facilitar a gestão. Em 2004 começou uma parceria com a maior cervejaria independente da Índia, a Mount Shivalik, que passou a fabricar a cerveja para o crescente mercado do país. No início de 2008, a Cobra adquiriu cervejaria própria, ao assumir o controle da Iceberg, no estado de Bihar.

Com experiências em *offshoring*, terceirização e, finalmente, investimento na própria fábrica como parte de sua estratégia de desenvolvimento global, em 2008 a Cobra cresceu a uma taxa de 35% ao ano, com vendas anuais de cerca de £55 milhões, e hoje conta com filiais na África do Sul e nos Estados Unidos, além da Índia. O produto chegou às prateleiras de quase 50 países do mundo.

Realidade virtual

DICA

USE O VOIP

Usando serviços de Voice Over Internet Protocol (VOIP), como o Skype, você pode fazer chamadas telefônicas pela internet e para qualquer pessoa com uma linha de telefone comum. Os serviços VOIP reduziram os custos das chamadas – um enorme trunfo para pequenas empresas que se tornam internacionais.

Embora as grandes empresas em geral tendam a contar mais com os meios financeiros e recursos necessários para levar a operação a outro país, o crescimento da tecnologia da internet permite que organizações menores pesquisem, comercializem, divulguem, vendam seus produtos ou serviços ou selecionem parceiros com a mesma facilidade que empresas grandes. Elas podem muito bem se tornar o que tem sido descrito como "motores da inovação", muitas vezes recorrendo basicamente ao computador.

Milhares de pequenas empresas "virtuais" vendem uma série de produtos e serviços, de itens alimentícios a roupas e trabalhos de web design, desenvolvimento de programas, tarefas de escritório e, nos mercados mais ricos, gestão de estilo de vida e serviços de portaria. Algumas crescem e chegam a se tornar gigantes. O site de vendas eBay e a loja on-line Amazon já nasceram internacionais, atuando com parceiros ou contratando profissionais em diferentes países para chegar a todo o planeta.

ESTUDO DE CASO

Mundo virtual X franchising

Em 1999, a empresária americana de origem vietnamita Jacquelyn Tran decidiu ampliar a pequena loja de perfumes dos pais, passando de um ponto de venda único – que começou como uma barraca numa feira – a uma operação on-line que movimenta US$20 milhões. A Beauty Encounter reúne mais de mil marcas e 15% das vendas vêm de outros países, sobretudo Inglaterra, Canadá, França, Alemanha, América Latina e Japão. Por outro lado, Anita Roddick escolheu o *franchising*. Em 1976, fundou a primeira unidade da The Body Shop na costa sul do Reino Unido. Dois anos depois, abriu a primeira franquia no exterior – um quiosque em Bruxelas. Em 1982, eram abertas duas lojas da marca por mês; em 1990, tinha operações em 39 países e em 2005 somava 2.045 lojas em todo o mundo. Em 2006 a L'Oréal comprou a marca, hoje com 2.100 pontos em 55 países. Este fenômeno de empresas novas compradas por gigantes corporativos que querem aumentar o perfil ético ou sustentável é cada vez mais comum.

Franquias internacionais

DICA

DE OLHO NA TAXA DE CÂMBIO

Às vezes, a cotação da moeda e as flutuações cambiais podem trabalhar em benefício dos exportadores. Quando o dólar está baixo, por exemplo, as exportações americanas ganham impulso, enquanto a valorização do euro deixa os produtos da UE mais caros.

Se sua empresa é pequena demais para um passo tão grande, o sistema de franquia pode oferecer uma via para chegar ao exterior. Franquear significa autorizar os outros a vender seus produtos ou serviços em seu nome, usando a marca da sua empresa e seguindo determinações especificadas de antemão. O acordo de franquia ou *franchising* em geral estipula os métodos de operação que cada loja deve adotar, incluindo informações específicas como o aspecto visual e a decoração dos pontos de venda. Uma vantagem do sistema é que o franqueador pode se beneficiar do conhecimento específico dos franqueados sobre cada lugar de atuação. Além disso, o risco é compartilhado com o franqueado, que assume o marketing.

A rede de lanchonetes norte-americana Subway® é um excelente exemplo de como uma pequena empresa pode se expandir pelo mundo por meio do *franchising*. A primeira franquia da rede foi aberta em Connecticut em 1974, e hoje a empresa conta com cerca de 30 mil pontos franqueados em 86 países.

Marketing global

Pensar em marketing em nível mundial parece uma perspectiva atraente, dada a economia de escala, a proteção contra as flutuações regionais de mercado e, na melhor das hipóteses, a oportunidade de enviar a mesma mensagem para o mundo todo. Mas a realidade é mais complexa: os mercados podem variar no que se refere a tamanho, acesso, facilidade e funcionamento, além de apresentar padrões de consumo bem distintos.

Proximidade do mercado-alvo

DICA

VISITE O LOCAL
Vá a feiras internacionais, fonte inestimável de informações sobre mercados estrangeiros para quem quer exportar.

Por definição, uma empresa global vende para o mundo todo e por isso sua divisão de vendas tem de estar perto de mercados-alvo, física ou virtualmente. No que se refere ao produto, as diferenças locais podem exigir adaptação ao gosto local na linguagem de marketing, embalagem, marcas ou até no próprio produto – um processo chamado de "localização".

PARA PENSAR...
A ENTRADA EM NOVOS MERCADOS

O chocolate ainda é novo na China e na Índia e o consumo individual é medido em gramas, na comparação com os 11kg anuais ingeridos pelos ingleses e suíços. Estes novos mercados apresentam um potencial enorme, mas trazem desafios. Na China, a suíça Nestlé começa a tomar a liderança do mercado, até agora ocupada pela americana Mars. A marca Kit Kat, da Nestlé, tem alta aprovação na China, enquanto o Dove, da Mars, é considerado doce demais. A Nestlé, associada aos produtos lácteos e alimentos infantis, pode se beneficiar da promoção que o governo local faz do leite (que não é um alimento tradicional na China) como fonte de nutrição para crianças. Quem também está na corrida é a italiana Ferrero: as marcas Kinder e Rocher têm boa aceitação, mas são vítimas de "cópias" – a Ferrero teve de processar a chinesa Montresor, acusada de colocar no mercado falsos chocolates Ferrero Rocher. A recém-chegada Hershey, americana, tenta se adaptar ao gosto local. Para isso, juntou-se a um parceiro chinês e lançou um chocolate com sabor de chá-verde.

Marketing on-line

O website não é apenas um folheto virtual, mas uma maneira econômica de se comunicar com o mundo. Até as menores empresas podem ter um site profissional, embora nem todos saibam disso. Trata-se de uma vitrine para seus produtos e serviços, que aparecem em pé de igualdade com os seus principais concorrentes mundiais. Se você presta serviço ou oferece produtos de um nicho específico, até sua "pequenez" pode torná-lo especial.

Qualidade e fácil acesso são fundamentais para garantir que sua mensagem chegue ao público mais amplo possível. Estima-se que os usuários da internet gastem apenas 44s em uma página da web – o que significa que a mensagem deve ser entendida imediatamente por uma ampla variedade de visitantes, com perfis linguísticos e culturais diferentes.

Vale lembrar que, embora em alguns países o e-commerce (comércio pela internet) e a logística avançada, como a transferência segura de dados, sejam uma realidade comprovada, em outros não é assim. Além dos fatores essenciais de marketing (produto, preço, distribuição e divulgação), é preciso levar essas diferenças em conta. Como sempre, deve-se pesquisar antes.

PERGUNTE-SE... MEU WEBSITE FUNCIONA?

- Como os usuários chegam ao site?
- O endereço do site permite a localização rápida?
- Há links a partir de outros sites?
- A funcionalidade permite uma navegação fácil e rápida?
- É bonito e interessante?
- Destaca os aspectos diferenciais do meu produto ou serviço?
- O texto é claro, conciso e bem escrito?
- O conteúdo tem um tom internacional?
- O site estimula o visitante a explorar o conteúdo?

Regras básicas

As fases de planejamento para obter sucesso nas vendas são:
- Aquisição de um conhecimento de mercado confiável;
- Disseminação das informações sobre o mercado entre os setores da empresa;
- Comprometimento com essas informações.

Em outras palavras, não basta fazer o "dever de casa"; é preciso checar se tudo foi pensado para funcionar. É essencial abrir um ou mais canais de comunicação com toda a organização.

Globalização da marca

A decisão de internacionalizar uma marca é movida por oportunidades estratégicas, como a capacidade de chegar a mercados maiores, obter economia de escala, afastar-se dos concorrentes e estimular a inovação. Tornar-se global é interessante, mas exige a superação de grandes desafios.

Barreiras culturais

A marca serve para associar um produto ou serviço às qualidades ou características que o torna único. Marcas de sucesso são aquelas que entendem o que as pessoas procuram e falam isso para o mercado – e, para atuar de forma global, é preciso passar a mensagem em cenários culturais diferentes.

Em geral as marcas contam com elementos de identificação regional e os produtos precisam ser adaptados para a localização, mas é essencial preservar os valores comuns. Sua marca é um dos ativos mais valiosos e requer atenção especial na hora de lançar produtos ou serviços em outros mercados.

❓ PERGUNTE-SE... MINHA MARCA TEM POTENCIAL GLOBAL?

Todas as marcas de sucesso têm características comuns. Avalie se sua resposta para todas as perguntas é "sim":
- Os consumidores conhecem a marca?
- A mensagem transmitida tem consistência?
- O teor da comunicação é emocional?
- Sua marca transmite algo único?
- Sua marca pode ser adaptada a culturas, gostos e demandas regionais?
- Seus colaboradores conhecem bem a marca?

Mensagem local

Marcas de sucesso global são aquelas que conseguem superar o conceito, às vezes aparentemente contraditório, de "global" e de "local". Para isso, é preciso contar com uma mensagem de apelo forte, como "qualidade" ou "valor", devidamente adaptada a públicos diferentes e de formas que façam sentido. Esse tipo de localização da marca exige que os gestores regionais tenham liberdade para interpretar e expressar sua própria mensagem, sempre complementando a marca global. De acordo com o princípio 70/30, recomenda-se que 70% da marca permaneça constante, com possibilidade de 30% de adaptação às condições regionais.

ESTUDO DE CASO

Uma marca "glocal"

A rede de lanchonetes norte-americana McDonald's é hoje uma das marcas mais conhecidas em todo o mundo. Líder no setor de fast-food, está presente em mais de cem países. Mesmo sendo um sinônimo de padronização e do "estilo de vida americano", a rede também tem exemplos de adequação local. Os tradicionais ícones da cultura americana, como hambúrguer e batata fritas, estão presentes no cardápio de todas as unidades, que às vezes oferece itens como sanduíches, *wraps* e opções vegetarianas. As adaptações são feitas para atender às diferentes expectativas – uma política que incluiu a decisão de oferecer carne *halal* (alimento adequado para consumo, em árabe) em mercados como a Malásia e McBurrito nas lanchonetes espalhadas pelo México.

Cuidado com a marca

A qualidade da marca depende da proteção à propriedade intelectual. Se você quiser ser competitivo e manter sua imagem, deve adotar uma estratégia de propriedade intelectual de alcance internacional. Em geral, o direito vale para um território e não se estende a outras partes do mundo. O Sistema de Madri (gerido pela Organização Mundial da Propriedade Intelectual) permite apresentar um pedido de marca e ampliar a proteção para outros países. Mas não existe mecanismo para registrar uma marca em todo o planeta. De acordo com o Sistema de Madri, as empresas precisam escolher os locais onde querem proteção. Por isso, selecione os países nos quais pretende atuar e pague para ter seu direito assegurado nesses mercados. Lembre-se de que a propriedade intelectual exige que o detentor da marca cuide dela e tome as medidas necessárias sempre que houver uma tentativa de apropriação indevida.

Gafes culturais

DICA

PESQUISA DE MERCADO

Antes de lançar um produto em um novo mercado, é essencial pesquisar os aspectos culturais, os hábitos alimentares e a legislação do país.

Ao levar uma marca para um país estrangeiro, todo cuidado é pouco. Diferenças de significado podem gerar resultados política ou culturalmente negativos, ou até mesmo provocar risos. Quando isso ocorre, o dono da marca passa uma imagem de ingenuidade, o que não é conveniente. A marca de vodca Absolut, por exemplo, teve problemas após veicular uma campanha publicitária que mostrava o sudoeste dos Estados Unidos como parte do México, disposição que de fato existiu até a guerra entre os dois países, em 1848. O anúncio foi projetado para agradar ao mercado mexicano, mas ofendeu os americanos, que exigiram boicote. Na Inglaterra, a loja de roupas Topshop teve de retirar das prateleiras um estoque inteiro de camisetas bordadas com um belo desenho do alfabeto cirílico, na verdade um texto com teor nacionalista e de extrema-direita. A tradução para outros idiomas pode ser especialmente delicada: o bordão "Hellomoto", da Motorola, na Índia pode ser interpretado como "Olá, gordo", enquanto a marca "Vista", da Microsoft, significa "mulher acabada" em letão. Já o slogan "Viva, você está na geração Pepsi" em mandarim resultou no malfadado anúncio "A Pepsi traz seus ancestrais de volta do túmulo".

PARA PENSAR... NOVA ROUPAGEM

Marcas de luxo são particularmente vulneráveis às crises econômicas e mudanças na moda, mas podem ser revigoradas em novos mercados. O declínio no interesse europeu pelo conhaque (produzido apenas na região de Cognac, na França) foi compensado na última década pela apreciação da bebida em outros territórios. Símbolo de status na China, nos últimos anos o conhaque virou coqueluche entre a classe média. A recuperação da marca também deve muito ao inteligente reposicionamento, que transformou o tradicional licor "para depois do jantar" (apreciado sobretudo por consumidores do sexo masculino) em uma elegante bebida, ideal para coquetéis.

Como lançar uma marca global

Certifique-se de que sua marca comunica a mesma essência em todas as localidades nas quais a empresa pretende atuar.

Faça uma pesquisa detalhada sobre os mercados-alvo, base para os ajustes necessários para que sua marca consiga vantagem competitiva local.

Selecione os canais de comunicação mais apropriados para maximizar o impacto do produto e reduzir os custos com publicidade.

Seja realista ao estimar o prazo e o investimento necessários para que os novos mercados se acostumem com sua marca.

Invista no alinhamento interno da marca para que todos os seus colaboradores se familiarizem com os valores essenciais e possam comunicá-los de forma coerente aos mercados regionais.

Teste seus produtos e embalagens em cada território, para avaliar as reações e identificar possíveis problemas decorrentes das diferenças culturais.

Capítulo 4

A empresa globalizada

A globalização e a formação voltada para a gestão de empresas de atuação mundial reduziram as diferenças entre as nacionalidades e as práticas empresariais, mas operar em terras estrangeiras ainda exige atenção especial.

Formação de equipes

Nem sempre é preciso recrutar profissionais para operar em outro país, mas, se sua empresa precisa fazer isso, é essencial selecionar bem os colaboradores, sobretudo os líderes de equipe. Felizmente, existem medidas que ajudam a atrair e a manter os melhores profissionais.

Talentos locais

Sua primeira pergunta deve ser: onde recrutar? No passado, as multinacionais tendiam a "olhar para dentro", recrutando e promovendo seus próprios profissionais para os cargos em outro país. Porém, hoje faz todo sentido apostar no recrutamento local, que tem muitas vantagens. Profissionais da região são mais sensíveis e informados sobre os mercados locais, e ajudam a suavizar as eventuais diferenças culturais no estilo de gestão. Demonstrar confiança e respeito pelo talento local favorece a aceitação na comunidade e pode render contatos úteis para sua empresa.

> **DICA**
>
> **DE OLHO EM QUEM VOLTOU**
>
> Profissionais locais que viveram algum tempo no país de origem da empresa estrangeira podem ser um achado. Procure no setor universitário quem são os alunos que voltaram recentemente.

O estilo de cada mercado

DICA

CANDIDATOS CHINESES

Na China, os recém-formados esperam receber um salário condizente com a colocação de sua universidade – uma hierarquia "não oficial", mas bastante respeitada, e que convém conhecer.

Na hora de recrutar profissionais em um país estrangeiro, é preciso prestar atenção não só aos requisitos legais, mas também às peculiaridades da cultura empresarial. Além da influência do país de origem e do local onde a empresa irá funcionar, todo o processo de recrutamento e emprego no exterior pode vir acompanhado de diferenças culturais nem sempre conhecidas. Por exemplo:

- O *headhunting* é tabu nos Emirados Árabes Unidos: graças a uma lei criada para conter a mudança de empregos, os empregadores têm o direito de exigir que um colaborador que se demite fique fora do mercado por até seis meses.
- Na Índia, os currículos tendem a incluir poucos dados pessoais. Já na Grécia é comum que o documento venha acompanhado de um atestado de saúde e de bons antecedentes criminais.
- Em Cingapura, muitos entrevistados mandam uma mensagem agradecendo o entrevistador pelo tempo dedicado à conversa.
- Na China, não confunda uma entrevista de poucas palavras com timidez ou falta de consistência. A cultura valoriza a modéstia e os profissionais preferem preencher um formulário a redigir uma carta falando sobre suas habilidades.
- O currículo de um profissional alemão pode ter 20 páginas e é costume devolver o documento a candidatos não selecionados.
- Na Índia, se um líder de equipe deixar a empresa é provável que metade do grupo faça o mesmo. Os profissionais do país tendem a desenvolver mais lealdade ao superior do que à empresa.

❓ PERGUNTE-SE...
MINHA EMPRESA PODE RECRUTAR?

Cheque se pesquisou o suficiente sobre o que diz a lei no país onde irá atuar sobre os seguintes aspectos:
- Anúncio de vagas
- Entrevistas
- Jornada de trabalho
- Hora extra
- Piso salarial
- Feriados
- Justa causa para demissão
- Solução de conflitos
- Aviso prévio

Aspectos culturais

A atuação de um profissional em outro país deve incluir a adaptação à cultura e às condições locais, além da compreensão das diferentes normas sociais. A cultura corporativa pode variar muito por todo o mundo, o que resulta em diferenças na hora de convocar e promover reuniões, negociar com pessoas, solucionar conflitos, abordar erros e tomar decisões.

Cuidado com a linguagem

DICA

RISCO ZERO
Quando tiver dúvidas sobre a forma correta ou o protocolo em uma situação, pergunte. Tato e sensibilidade são apreciados em toda parte.

A língua pode ser um campo minado na gestão em outros países. Se você não fala o idioma fluentemente, leve um intérprete às reuniões. Ao escrever para um cliente ou fornecedor que não fala sua língua, recorra a um bom tradutor para evitar falhas de comunicação. É essencial aprender algumas palavras e expressões básicas para se comunicar no país de acolhimento, ainda que cumprimentos simples como "bom dia", "obrigado" e "até logo". Causar uma boa primeira impressão pode render negócios e amigos. Mostre interesse pelo local, evite fazer comentários com teor político e nunca desmereça ou critique o país ou se vanglorie da sua terra de origem. Preste atenção à forma como os colegas estrangeiros se vestem, falam, agem e se cumprimentam e tente se adaptar às normas.

ANTENA CULTURAL

Como abordar os erros
Embora as tendências de gestão ocidental enfatizem o valor de aprender com os erros, em vários países orientais "preservar o rosto" é uma prioridade. Por isso, alguns funcionários podem não querer admitir erros, enquanto os superiores às vezes fazem de tudo para não culpar os subordinados. Como gestor, seja discreto sempre. Se possível em particular, explique que os erros são valiosos, pois permitem a aprendizagem. Se as questões tiverem de ser discutidas em uma reunião, tome cuidado ao identificar as pessoas. Além de raramente eficaz em qualquer cultura, a saída do "bode expiatório" não funciona no Oriente.

Não espere que reuniões ou negociações sejam conduzidas do mesmo modo ou com os mesmos objetivos que no seu país.

Em alguns países, é inconveniente começar direto a negociação sem uma troca de gentilezas prévia. Em outros, as reuniões começam sem preâmbulo algum.

Informe-se sobre como ser direto nas reuniões sem ofender – essa abordagem pode ser considerada agressiva em algumas culturas.

Etiqueta para reuniões

Em algumas culturas, as negociações comerciais e as discussões continuam durante as refeições e em encontros fora do ambiente de trabalho.

Evite piadas. O que soa engraçado em um país pode ser considerado ofensivo em outro.

Chamar as pessoas pelo primeiro nome revela uma proximidade nem sempre bem vista. Mantenha a abordagem formal: prefira usar o sobrenome.

Desafios constantes

Um gestor global precisa prestar atenção a uma série de tendências e condições globais, regionais e locais. Algumas questões têm natureza comercial, outras podem assumir aspectos políticos, econômicos ou burocráticos, ou estar associadas à responsabilidade corporativa. É preciso dobrar a atenção caso uma medida envolva risco de fraude, corrupção ou falsificação.

Avaliação de riscos

A avaliação dos riscos é fundamental para a tomada de decisões. Para uma empresa pequena ou média, questões como controle, adequação cultural e imagem positiva são fundamentais. Não poupe esforços para manter um relacionamento correto com seus fornecedores e parceiros. Além das complicações burocráticas e da variação cambial, alguns campos que exigem cuidado especial são a qualidade do serviço ou da produção terceirizados e eventuais problemas de gestão. Denúncias de exploração da força de trabalho ou suspeitas quanto à qualidade dos produtos podem danificar sua imagem.

Como se proteger?

O que é considerado um ato de corrupção varia de acordo com a cultura. No mundo todo subornar funcionários é crime, mas as violações aos direitos autorais constituem uma discussão mais complicada, já que não existe uma autoridade global para o tema. Algumas fontes de conflitos são as questões de patente, direitos intelectuais e falsificação. A solidez do sistema de patentes no país de origem oferece mais garantias – por isso, registre projetos, marcas e empresas locais a fim de definir o que é de sua propriedade. Antes de operar em outro país, conheça o sistema de proteção à propriedade intelectual.

DICA

ALERTA
Se você pretende exportar, tome cuidado com o interesse excessivo dos compradores pelas especificações técnicas do produto ou se há pedidos constantes de protótipos: você corre o risco de ser copiado.

O que observar

EM NÍVEL LOCAL

- Estrutura de produção
- Oferta de mão de obra
- Infraestrutura/instalações
- Comunicação
- Qualidade/confiabilidade
- Comportamento ético
- Fraude/corrupção
- Burocracia

NO PAÍS

- Instabilidade financeira
- Instabilidade política
- Recursos
- Questões ambientais
- Regulamentações
- Barreiras ao comércio
- Propriedade intelectual
- Impostos e custo bancário

NA REGIÃO/NO MUNDO

- Mudanças econômicas
- Perfil de mercado
- Instabilidade financeira
- Flutuações de câmbio
- Instabilidade política
- Disponibilidade de recursos
- Questões ambientais
- Mudanças climáticas

PARA PENSAR... O FUTURO DOS DIREITOS AUTORAIS

Existem sinais de que, nos países onde a violação aos direitos autorais ocorre sem controle, o processo pode ser contido com o desenvolvimento da economia e o aumento da experiência, porque a produção de bens locais torna-se mais vantajosa do que a mera cópia de marcas estrangeiras. Durante muito tempo, a China mostrou-se hábil na imitação de produtos, marcas e embalagens. Mas a entrada na OMC exigiu mudanças; o governo passou a incentivar as ações judiciais e criou mais de 50 tribunais para julgar processos de propriedade intelectual. Hoje, as empresas chinesas detêm cerca de 1 milhão de patentes e desde 2003 deram início a milhares de ações para se defender.

O papel da ética

Dado o grau de integração mundial inédito e as oportunidades e riscos decorrentes deste processo, a governança global nunca foi tão necessária. A ausência de um sistema amplo de comprometimento e de um código de comportamento ético pode trazer graves problemas. A lei Sarbanes-Oxley*, por exemplo, tem aplicação limitada, uma vez que atinge apenas as empresas cotadas na bolsa de valores norte-americana. Hoje, a melhor fonte de orientação sobre as melhores práticas é o Global Compact, acessado pelo site das Nações Unidas. Esse código de conduta, elaborado por empresas, sindicatos e ONGs, conta com a adesão de milhares de organizações em cerca de cem países. Embora trate-se de um posicionamento voluntário e não imposto por lei, quem adere ao pacto deixa claro aos parceiros de qualquer lugar onde atue quais são seus valores e o comprometimento da empresa no que se refere a direitos humanos, condições de trabalho, respeito ao meio ambiente e combate à corrupção.

Lei Sarbanes-Oxley – *lei norte--americana promulgada em 2002 (após uma onda de escândalos corporativos) para definir um padrão na gestão financeira e contábil das empresas.*

Busca de novos caminhos para a "gestão sustentável"

Existem algumas visões interessantes sobre os rumos da ética e da atuação sustentável, muitas vindas de estudiosos da responsabilidade social corporativa* atentos aos problemas dos países em desenvolvimento.
- Pioneiro na sustentabilidade corporativa, Stuart Hart, da Johnson School of Management, da Cornell University, acredita que as empresas globais têm mais condições de assumir a liderança na identificação de produtos sustentáveis, capazes de promover o crescimento e, ao mesmo tempo, contribuir para solucionar questões como a pobreza e as mudanças climáticas, que estão levando a uma reação contra a globalização.
- Para Sumantra Ghoshal, fundador da Indian School of Business, em Hyderabad, entre as exigências de uma empresa global destaca-se o "novo contrato moral" com os funcionários, a fim de promover o reconhecimento, o respeito e a motivação das pessoas como um valor. Seu conceito de empresa transnacional caracteriza-se pelo investimento no conhecimento local.
- Uma forma de gestão única é a adotada pelo brasileiro Ricardo Semler, um dos líderes globais do amanhã eleito pelo Fórum Social Mundial. Dirige sua empresa, a Semco, como uma "democracia industrial", sem estrutura de gerência (a pressão dos colegas funciona como limitação natural). As informações financeiras da empresa são transparentes, e os trabalhadores podem optar por horários flexíveis para manter o equilíbrio entre a vida profissional e a familiar, decidem se participam ou não de reuniões, sugerem os próprios salários e escolhem os equipamentos de tecnologia da informação. Esse projeto de gestão bem-sucedido e inusitado, que inclui a participação nos lucros, resultou em um crescimento substancial da produtividade – e, talvez previsivelmente, em uma incrível fidelidade para com a empresa.

*Responsabilidade social corporativa – compromisso para além das obrigações legais no que se refere aos impactos que as atividades da empresa causam para a comunidade, o meio ambiente e o bem-estar dos colaboradores.

Tendências para o futuro

A economia global, que reúne cerca de 200 países nos cinco continentes e mais de duas dezenas de fusos horários, reflete várias influências, algumas capazes de exercer impacto substancial em outras áreas. Fique atento aos acontecimentos políticos e econômicos do planeta: ainda que pareçam distantes, alguns podem exercer um efeito multiplicador sobre o custo de suas operações ou até abalar a saúde dos mercados onde sua empresa atua.

O equilíbrio da balança

Em um mundo cada vez mais interdependente, há vários exemplos das consequências de fatos aparentemente locais e de crises que tiveram resultados dramáticos. Ainda que a recessão comece em apenas um país, a crescente integração da economia global pode levar o fenômeno a uma escala mundial. As perdas resultantes da crise do *subprime* americano, no final de 2007, por exemplo, não demoraram a se espalhar pelo exterior, porque os bancos norte-americanos tinham vendido as dívidas a instituições financeiras de outros países.

O resultado foi uma crise, perdas de emprego e um aperto de crédito em outras nações. Os efeitos sobre o mercado imobiliário e as empresas que pretendiam se expandir criaram forte recessão econômica no Ocidente. Em maio de 2008, grandes multinacionais, como a suíça CIBA, culpavam as oscilações da moeda e a alta dos custos das matérias-primas pela queda nas vendas e, consequentemente, pela baixa nos lucros. A CIBA registrou fraco crescimento nos mercados do NAFTA (Estados Unidos, Canadá e México) e em toda a Europa, enquanto os mercados asiáticos e do Oriente Médio se mostraram mais fortes, reflexo da tendência-chave da economia no início do século 21. A combinação de turbulências no mercado financeiro, inflação de itens importantes (alimentos e petróleo) e desaceleração das economias pode levar à criação de medidas protecionistas.

Os perigos da recessão

Quando os jornais começam a falar em desaceleração da economia, as empresas divulgam resultados abaixo do esperado e os consumidores passam a gastar menos, pode ser um sinal de recessão. Sua empresa talvez note que os clientes estão levando mais tempo para pagar. Quem toma medidas nessa fase tem mais condições do que os concorrentes para resistir a um período complicado, e tem mais chances de sair dele com menos danos.

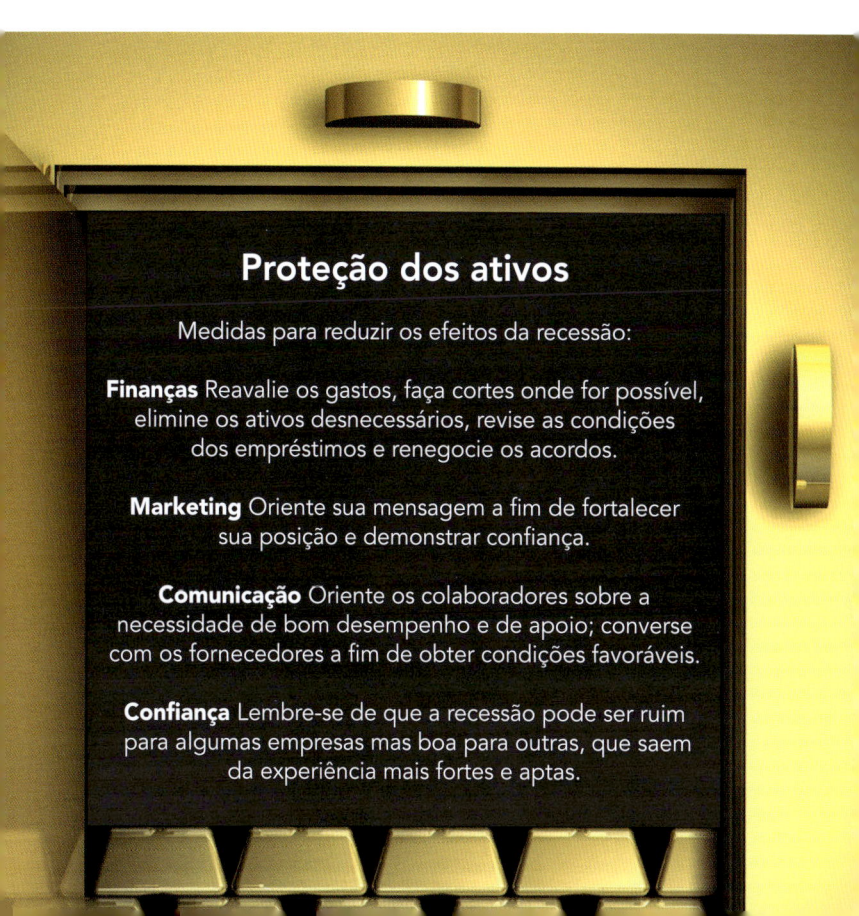

Proteção dos ativos

Medidas para reduzir os efeitos da recessão:

Finanças Reavalie os gastos, faça cortes onde for possível, elimine os ativos desnecessários, revise as condições dos empréstimos e renegocie os acordos.

Marketing Oriente sua mensagem a fim de fortalecer sua posição e demonstrar confiança.

Comunicação Oriente os colaboradores sobre a necessidade de bom desempenho e de apoio; converse com os fornecedores a fim de obter condições favoráveis.

Confiança Lembre-se de que a recessão pode ser ruim para algumas empresas mas boa para outras, que saem da experiência mais fortes e aptas.

Índice

A
Absolut, vodca 58
Adidas 30
África 27
agências de crédito à exportação 26
aldeia global 24-5
alianças comerciais 18-9, 35
americanização 7, 15
antiglobalização, argumentos 36-7

B
Banco Mundial 5, 16
barreiras à globalização 32-5
barreiras não tarifárias 32
biopirataria 37
blocos regionais 18-9, 35
Brasil 22
Bretton Woods, acordos 16
BRICs 22-3

C
cadeia de valor global 31, 38
capitalismo 26-7, 36
CARICON 19
celulares, telefones 25
China
    África 26-7
    chocolates 54
    crescimento da economia 22-3
    direitos autorais 66
    empresas "glocais" 44-5
    multinacionais 28
    recrutamento 61
    roupas baratas 34
Cobra 51
código de conduta 66
Companhia das Índias Orientais 9
computadores 25
comunicação 24-5, 27
consumidores 11, 31, 37
controle de preços 6
correio 11
corrupção 64
cotas de importação 33-4
crescimento orgânico 40

D
Danone 44, 45
descentralização 13
desregulamentação dos mercados 6, 36
desvalorização da moeda 14
diferenças culturais 37, 44, 61, 62-4
direitos autorais 64, 66

E
economia
    Grande Depressão 14, 16
    Plano Marshall 15
    recessão 69
empregados *veja* funcionários
empresas "glocais" 44-5, 57
erros, diferenças culturais 62
Estado, enfraquecimento 27
Estados Unidos
    biopirataria 37
    consumismo 11
    crescimento industrial 10-1
    crise do *subprime* 68
    Grande Depressão 14
    multinacionais 28
    Plano Marshall 15
    subsídios 34
    terceirização 48
estados-nação 27, 32-3
estratégia de expansão 40-1
ética 66-7
etiqueta 62-3
externalidade 36

F
filantropia 27
Forbes 2000 29
Ford, Henry 12-3
fordismo 12-3
fornecedores 30-1, 43
    cadeia 30-1
Fórum Econômico Mundial 17, 28
franchising veja franquias
franquias 13, 38, 53
freelancers 50
Friedman, Thomas 49
funcionários
    equipes locais 60-1
    freelancers 50
    terceirização 4, 36, 49
Fundo Monetário Internacional 16
fusões 41

G
G8 (Grupo dos 8) 17, 28, 36
GATT 16
General Motors 13
gestão
    descentralizada 13
    equipes locais 60-1
    mais de um país 42-3
governos 26, 32-3
Grande Depressão 14, 16

H
Honda 20
horário de trabalho flexível 25
horizontal, modelo de operação 43

I
imperialismo 8-9, 28, 37
Índia 22-3, 37, 46, 48, 51, 61
indústria
    cadeia de fornecedores 43
    controle de qualidade 21
    linha de produção 12-3
    livre comércio 26-7
    mudança 20-1
    Plano Marshall 15
    proteção 32
    Revolução Industrial 10

terceirização 4, 30-1
tradicionais, proteções 32
inflação 14
informações 24-5
inglês 23
intelectual, propriedade 57, 64, 66
internet 25, 31, 40, 52-3, 55
investimento estrangeiro direto 7, 38, 45

J
Japão 20-2, 28, 32

L
Leste Europeu 22
linguagem, problemas 62
linha de produção 12-3
livre comércio 26-7
localização 54, 56-7
luxo, marcas 58

M
Madri, Sistema (marcas) 57
marcas 56-9, 64
marketing 31, 43, 44-5, 54-5
Marshall, Plano 15
massa
 mercado 10-1
 produção 12-3
McDonald's 57
McLuhan, Marshall 24-5
mercados
 abertura 26-7
 pesquisa 41, 58-9
Mercosul 19
micromultinacionais 7, 50
moeda
 desvalorização 14
 euro 18
 inflação 14
 taxas de câmbio 53
mudanças tecnológicas 24-5, 31, 36
multinacionais 7, 28-9
 "glocais" 44-5, 57

N
Nações Unidas 66
NAFTA (Tratado Norte-Americano de Livre Comércio) 19
Nike 46

O
offshoring veja terceirização
outsourcing veja terceirização
Organização Mundial do Comércio (OMC) 16, 32, 35, 66

P
patentes 37, 64, 66
pesquisa de mercado 41, 58-9
pobreza 16
poluição 36
Primeira Guerra Mundial 11, 14
propaganda 31, 55, 59
propina 64
propriedade intelectual 57, 64, 66
protecionismo 14, 16, 18, 26, 32-5, 68

Q
qualidade, controle 21

R
recessão 69
responsabilidade social corporativa 67
reuniões 62-3
riscos, avaliação 64
rotas comerciais, história 8
roupas, importação 34
Rússia 15, 22, 44

S
Sarbanes-Oxley, lei 66
Segunda Guerra Mundial 14-6, 18

serviços, setor 23, 36
sites 55
sloanismo 13
subsídios 34
superpoderes 11
sustentabilidade 42, 67

T
tarifa externa comum 35
tarifas 26, 32-3, 35
Tata Motors 23
taxas de câmbio 53
taylorismo 12, 20
telefones 25, 52
tendências globais 68-9
terceirização 12, 25, 30-1, 36, 38, 46-51
trabalho à distância 25

U
União Europeia (UE) 18, 20, 35

V
vertical, modelo de operação 43
videoconferência 25
virtuais, empresas 52-3

W
Wal-Mart 45

Agradecimentos

Agradecimentos dos autores
Sarah Powell gostaria de agradecer a Tom Albrighton e a Carol Fellingham Webb pelo interesse, entusiasmo e sugestões.

Agradecimentos da Dorling Kindersley
Cobalt id agradece a Neil Mason, Sarah Tomley, Hilary Bird (índice) e Charles Wills, que atuou na versão americana do livro.

Imagem da capa
BLOOMimage

Créditos das fotos
A editora agradece às seguintes pessoas pela permissão de uso das imagens:

1 Corbis: Don Mason; 2-3 iStockphoto.com: Mark Stay; 4-5 Alamy Images: Eightfish; 8-9 iStockphoto.com: Zlatko Guzmic; 10-1 iStockphoto.com: geopaul; 12-3 Dorling Kindersley: Steve Gorton; 14 Alamy Images: Interfoto Pressebildagentur; 15 (alto) Alamy Images: Russian Stock; 15 (baixo) Alamy Images: Bruce Coleman Inc.; 19 (fundo) iStockphoto.com: Manfred Konrad; 19 (frente) iStockphoto.com: Julien Grondin; 21 Corbis: George Steinmetz; 22, 23 (todas) iStockphoto.com: Brendon De Suza; 25 iStockphoto.com: Christine Balderas; 28-9 iStockphoto.com: Peter Jobst; 30-1 Dorling Kindersley; 33 Alamy Images: K-Photos; 36-37 Alamy Images: foodfolio; 37 iStockphoto.com: Elena Moiseeva; 40-1 Alamy Images: Derek Croucher; 48-9 iStockphoto.com: Tobias Helbig; 52 (alto) iStockphoto.com: bubaone; 52 (baixo) iStockphoto.com: Luis Carlos Torres; 56 (fundo) iStockphoto.com: Russell Tate; 56 (frente) iStockphoto.com: Christopher Hudson; 59 iStockphoto.com: Gary Woodard; 63 (cadeiras) iStockphoto.com: Franck Boston; 63 (blocos) iStockphoto.com: Matjaz Boncina; 63 (canetas) iStockphoto.com: Plamena Koeva; 65 (alto) Getty Images: flashfilm; 65 (centro) Corbis; 65 (baixo, à direita) iStockphoto.com: Jan Rysavy; 64-5 (baixo) Alamy Images: Steve Bloom Images; 65 (baixo, centro) Alamy Images: Utah Images/NASA; 68-9 Alamy Images: artpartner-images.com.

Foram feitos todos os esforços para identificar e dar os créditos aos titulares de direitos autorais. O editor pede desculpas por qualquer omissão e se dispõe a incluir a informação correta nas futuras edições.